Karam Khella

Gnosis – Wissen. Vernunft. Selbstbefreiung.

Karam Khella

GNOSIS

Wissen.
Vernunft.
Selbstbefreiung.

Karam Khella
Gnosis – Wissen. Vernunft. Selbstbefreiung.
1. Auflage 2018

Theorie und Praxis Verlag
Goldbachstr. 2
D 22765 Hamburg
Tel: 040 – 38 61 38 49
info@tup-verlag.com
www. tup-verlag.com

ISBN 978-3-939710-22-6

Inhaltsverzeichnis

Erster Abschnitt
Einführung

Zweiter Abschnitt
Gnosis in der zeitgenössischen Fremddarstellung

Dritter Abschnitt
Quellen zur gnostischen Lehre
Gnosis nach ihrem Selbstbild und der Eigendarstellung

Lehrquellen der Gnosis

Vierter Abschnitt
Die gnostische Lehre

Fünfter Abschnitt
Evaluation, Kontinuität, Renaissancen und Aktualität der Gnosis

Sechster Abschnitt
Werke

Einleitung

Die wichtigste Weiterentwicklung der Tothschen Weisheitslehre und Philosophie ist die Gnosis. Sie ist eine genuin ägyptische Philosophie mit Oberägypten als Ursprungsland.

Die Gnosis ist eine Theorie, die als die letzte Entwicklung der altägyptischen Philosophie zu verstehen ist und ihre Ausreifung gegen Ende der Ptolemäerzeit (30 v.Chr.) erhielt. Die Entwicklung der Gnosis ist nicht unabhängig von den Dekadenzerscheinungen, die sich unter der Herrschaft der späten Ptolemäer in Alexandrien breitgemacht haben, zu sehen. Es ist kein Zufall, dass die Gnosis ihre Weiterentwicklung gerade dort hatte, wo der Widerstand gegen die Ptolemäer seine Hochburgen hatte.

Die Gnosis hebt die Bedeutung der eigenen Vernunft und die Fähigkeit des Menschen, zu urteilen, hervor. Der Mensch ist im Besitz eines vollwertigen Denksystems, das ihn befähigt, unabhängig von anderen zu denken und zu urteilen, zu entscheiden, zu entdecken und selbstständig zu handeln. Die Gnosis rehabilitiert die Vernunft des Menschen und seine Unabhängigkeit von allen anderen Instanzen, unabhängig von einer Gottheit oder sonstigen jenseitigen Kräften. Der Name Gnosis sagt: Erlösung durch Wissen und Erkenntnis. Damit war sie eine reale Revolution und konnte aufgrund ihrer Ablehnung der Erlösung durch Tod und Auferstehung Christi von den Kirchenvätern nicht toleriert werden. In den Gemeinden jedoch war das Kirchenvolk der Gnosis gegenüber relativ offen; teilweise waren Synthesen von Christentum und Gnosis verbreitet.

Mit ihrer Auffassung über die Priorität von Vernunft, Wissen und Erkenntnis als Weg zur Erlösung des Menschen führte die Gnosis zur Entfaltung von Wissen(schaft) und Philosophie. Internationale Zentren der Gnosis waren Alexandrien, Lykopolis (Asyut), Achmim und überhaupt das obere Ägypten. Rasch verbreitete sich die Gnosis in Afrika und von Alexandrien aus nach Asien und in das südliche Europa. Der Höhenflug der Gnosis liegt in den ersten drei

christlichen Jahrhunderten. Hauptstadt der Gnosis war Alexandrien mit seiner philosophischen Schule, aber auch Asyut (Lykopolis) in Oberägypten.
Führende Persönlichkeiten der Gnosis sind uns namentlich nicht bekannt. Diese Anonymität hängt mit ihrem Frömmigkeitsverständnis zusammen und ist daher nicht zufällig.
Alle erhaltenen Schriften der Gnosis sind koptisch verfaßt. Da die einzelnen Schulen Wert darauf legten, ihren eigenen Dialekt auch als Schriftsprache zu pflegen, können wir aus dem jeweiligen Dialekt auf das regionale Verbreitungsgebiet schließen. Es gibt Texte auf Achmimisch, Subachmimisch (östlich und westlich des Niltals), asyutisch und in weiteren Dialekten. Auf der Basis der linguistischen und literarischen Verwandtschaft und Gemeinsamkeiten schließen sich diese Dialekte zum Oberdialekt des Saʿidischen zusammen.
Die zweite Sprache der Gnosis ist Koine[1], welche hauptsächlich der gnostischen Mission jenseits der ägyptischen Landesgrenzen diente.

Als im Jahre 325 das christliche Konzil von Nikaia einberufen wurde, hat sich keine gnostische Opposition gegen seine Beschlüsse gestellt. In diesem Konzil führten die koptischen Bischöfe unter Athanasius den Vorsitz. Es erklärte die Gnosis als unvereinbar mit dem Christentum. Die Gnosis wurde als Irrlehre verurteilt. Aus heutiger Sicht scheint es verwunderlich, dass große Kirchenväter und Philosophen das Christentum und den Glauben problemlos wissenschaftlichen Lehren vorgezogen haben. Clemens, Origines und Plotin aus Alexandrien und Augustin aus Algerien rezipierten das Christentum, nicht aber die Gnosis. Clemens von Alexandrien

1 An dieser Stelle will der Autor auf einen in Europa festgefahrenen Irrtum hinweisen. Europäische Autoren bezeichnen die Schriftsprache Koine als Griechisch, was nicht korrekt ist. Hier liegt ein grundlegender Irrtum vor, nicht nur ein Irrtum, sondern auch fatale Ignoranz europäischer Autoren. Denn die hier verwendete Schriftsprache ist nicht Griechisch, sondern Koine.
Die „Koine“ ist nicht griechisch. Die Koine ist eine Schriftsprache, die von ägyptischen Gelehrten als Hilfe für Ausländer entwickelt wurde, die ägyptische Fachliteratur studieren wollten. Die Koine soll Ausländern das mühsame Erlernen des Hieroglyphischen und Demotischen ersparen. Sie ist eine künstlich konstruierte Schriftsprache mit dem Ziel, ägyptische philosophische und wissenschaftliche Literatur Ausländern zugänglich zu machen. Sie hat sich als zweckmäßig erwiesen, konnte aber das Koptische nicht ersetzen. Auch heute noch müssen Wissenschaftler, die sich für die Gnosis und die altägyptische Literatur interessieren, das Koptische erlernen.

und Origines waren große Philosophen, haben aber die rational begründete Gnosis abgelehnt. Sie haben den christlichen Glauben angenommen und die wissenschaftlich-philosophisch begründete Gnosis abgelehnt und literarisch bekämpft. Somit ist es verständlich, dass sich das Christentum in Ägypten im 2. und 3. Jahrhundert voll durchsetzte, während die Gnosis langsam verschwand. Mit der Durchsetzung des Christentums in Ägypten reduzierte sich die Zahl der Gnosisanhänger bis zu ihrem fast endgültigen Verschwinden im 4. Jahrhundert. Glaube hatte sich gegen Wissenschaft durchgesetzt. Mit der Verbreitung des Christentums als einzig staatlich anerkannter Religion des byzantinischen Reiches durch Konstantin und durch die ökumenischen Konzilien verlor die Gnosis an breiter Basis, bis sie schließlich fast ganz aus der Öffentlichkeit verdrängt wurde. Schon im 3. Jahrhundert n.Chr. war die Hierarchie in der koptischen Kirche vom Patriarchen bis zu den Diakonen und Messdienern vollständig institutionalisiert.

Im Mittelpunkt der gnostischen Lehre steht die Eigenständigkeit des Menschen. Allein der Mensch verfügt über Vernunft und Erkenntnisfähigkeit (=Gnosis) und ist damit unabhängig von jeder fremden äußeren Instanz, die bestimmt, was er glauben soll. Damit war die Gnosis eine frühe rationale, emanzipatorische Theorie. Der Höhepunkt ihrer öffentlichen Verbreitung liegt in den ersten drei bis vier christlichen Jahrhunderten.

Die Originalquellen der Gnosis liegen ausschließlich in koptischer Sprache vor. Unsere Kenntnis über die Gnosis und ihre Lehren basiert im Wesentlichen auf dem Bücherfund des oberägyptischen Naǧʿ Ḥammādī im Jahre 1945. Diese wertvolle gnostische Bibliothek wurde vermutlich im vierten christlichen Jahrhundert unter der Erde versteckt, da unter Kaiser Konstantin gnostische Literatur systematisch gesucht und vernichtet wurde. Die seit 325 bestehende Bücherverbrennung gnostischer Literatur war der Grund dafür gewesen, dass ein Anhänger der Bewegung seine private gnostische

Bibliothek unterirdisch in Sicherheit gebracht hatte. Dort lag sie rd. 1600 Jahre, bis sie von einem ägyptischen Bauern im Jahr 1945 während seiner Bodenbearbeitung entdeckt wurde.

Seitdem ist diese gnostische Bibliothek, welche die Originalquellen der Gnosis im Koptischen Museum in Alt-Kairo aufbewahrt, von internationalen Wissenschaftlern ediert und Forschern aus aller Welt sowie allen Interessierten zugänglich gemacht worden. Verdienstvoll bei dieser Editionsarbeit war der damalige Leiter des koptischen Museums, Claudius Labib. Zur Gnosisforschung sind gute Kenntnisse der koptischen Sprache erforderlich. Wichtige Quellen der Gnosis liegen der breiten Öffentlichkeit in verschiedenen Übersetzungen vor. Mit der Entdeckung der gnostischen Bibliothek im oberägyptischen Nağʿ Ḥammādī im Jahr 1945 wurde das neuzeitliche Interesse an der Gnosis geweckt. Gleichzeitig wurde die Bedeutung des Koptischen erkannt, das seitdem an vielen Universitäten der Welt gelehrt wird.

Die Gnosis kann mit Recht als die Vernunftphilosophie bezeichnet werden. Allein die Vernunft herrscht, sei es im individuellen Bereich, sei es in Gemeinschaften einschließlich des Staates.
Die Gnosis lehrt:
1. Du, Mensch, bist souverän.
2. Du bist unabhängig von anderen und in der Lage, selbst zu erkennen, zu denken, zu entscheiden und zu handeln. Du bist im Besitz der Vernunft und des Wissens und damit unabhängig.
3. Was für den einzelnen Menschen gilt, sollte für möglichst viele gelten.
4. Es gibt keine Herren und Sklaven, keine Geschlechter- oder Rassenunterschiede.
5. Kein Staat darf Anspruch erheben, über andere zu herrschen.

Eigentlich muss es wundern, dass die Gnosis mit ihren überlegenen Vorstellungen und der Hoheit der Vernunft im Angesicht der christlichen Mission zurückgedrängt wurde, bis sie schon im 4. Jahrhun-

dert fast vollständig aus der Öffentlichkeit verschwunden war. Das Christentum konnte sich konkurrenzlos verbreiten.
Es ist bemerkenswert ist, dass Menschen den Glauben der wissenschaftlichen Logik vorziehen. Damit stellen sich anthropologische Fragen, die nicht leicht zu beantworten sind. Große Philosophen und Wissenschaftler haben sich für das Christentum entschieden, nicht für die Gnosis. Origenes und Clemens von Alexandrien als zwei Vertreter des Christentums haben diesen Trend eingeleitet. Die intellektuelle Öffentlichkeit in Alexandrien und dem übrigen Ägypten hat sich für das Christentum entschieden. Der Glaube siegte über Wissenschaft und Philosophie.

Zur Aktualität und Renaissance der Gnosis

Brauchen wir heute die Gnosis? Wenn wir unsere gegenwärtige Epoche als wissenschaftsorientiert bezeichnen, dann wird damit eine Renaissance der Gnosis gefordert. Gnosis ist Erkenntnis und Wissen zum Wohle der Menschen.
Die weit fortgeschrittene Entwicklung der Wissenschaft verlangt nach ethischer Absicherung:
Wissenschaft für den Menschen - keine Wissenschaft gegen den Menschen. Wissenschaft für Rüstung und Krieg ist menschenfeindlich und agnostisch. Wissenschaft zum Wohle der Menschen, für den Frieden und die Koexistenz der Völker ist notwendig und aktuell. Es besteht Bedarf an einer solchen Wissenschaft und Technik. In Labor und Hörsaal sollen sich Professoren und Studenten befleißigen und dafür einsetzen, dass alle Menschen gleichberechtigt und gut leben können.

Erster Abschnitt
Einführung

1. Was ist Gnosis? (1)

Um die Gnosis zu bestimmen, fangen wir – atypisch – mit einer Negativdefinition an. Somit sollen Missverständnisse vorab ausgeräumt werden.
Die Gnosis ist keine Religion, ist keine Konfession und auch nicht eine Glaubensgemeinschaft. Die Gnosis ist auch keine christliche Sekte. Es sei noch überspitzt formuliert: Die Gnosis ist keine abgeschlossene einheitliche Lehre im engeren Sinne.
Noch schärfer formuliert: Die Gnosis ist eine Bewegung. Das Besondere an ihr ist: Keine Dogmatik, keine Doktrin, kein Glaubensbekenntnis und kein feststehendes, unabänderliches Lehrgebäude.

Positiv definiert: Die Gnosis betont einige wenige Grundaspekte, die sie – über alle Vielfalt ihrer Anhänger und Sympathisanten hinweg – auszeichnet. Gnostisch ist die Betonung der Erkenntnis, der Selbsterkenntnis und des Wissens. Dabei wird nicht gesagt, was die Inhalte jener Erkenntnis oder des gnostischen Wissens seien. Diese werden in der gemeinschaftlichen Kommunikation und in der individuellen Lebenserfahrung entwickelt. Betont wird noch die befreiende Erkenntnis. Erlösung ist ein Erkenntnisvorgang.
Die Gnosis fordert die Hoheit der Vernunft, welche jeder Mensch besitzt und selbständig einsetzt. Die Grundeinstellung ist also die freie Entfaltung der Erkenntnis und die Förderung des Wissens.
Es sind genau diese Elemente, welche zur enormen Entfaltung der Wissenschaften und Kultur unter der Gnosis führten. Damit einher geht die großartige Entwicklung der Künste, denn auch die Ästhetik ist ein Weg zur Wahrheitsfindung.

Alle anderen Lehren der Gnosis, einschließlich der Kosmologie, die eine besondere Bedeutung erlangt, verstehen sich auf der eben vorgestellten Basis.

Der Ausdruck „Gnosis“ wird sowohl im Sinne von „Wissen“ als auch „Erkenntnis“ gebraucht. Autoren legen sich oft auf einen der beiden Sinninhalte fest. Die Bewegung mit der Selbstbezeichnung „Gnosis“ benutzt den Begriff im Sinne von „Erkenntnis“.

Daß eine Weltanschauung sich den Namen „Gnosis“ gibt, ist nicht selbstverständlich, behauptet doch jede Bewegung, im Besitz der wahren Erkenntnis zu sein. Die Gnosis hingegen beansprucht diesen Titel nicht zum prahlen. Es geht bei ihr tatsächlich um die Erkenntnis. Die Erkenntnisfindung steht im Mittelpunkt der Lehre.

Der Mensch ist erkenntnisfähig. Er ist im Besitz der Vernunft, die ihn gegen alle irdischen Lebewesen abhebt. Viele Menschen sind sich dieser Tatsache nicht bewußt. Sie nutzen ihre Vernunft nicht oder, das ist der Regelfall, für den Erwerb materieller Güter, irdischer Reichtümer, weltlichen Ruhmes, eines Postens und ähnliches. Sie wissen nicht, daß sie für den kleinen Gewinn sich selbst opfern – letztlich ein Verlustgeschäft!
Es ist bemerkenswert, daß bereits im dritten Jahrhundert vor Christus eine Bewegung auftritt, zur Erkenntnis aufruft und sich Gnosis nennt. Schon der Name übt eine unwiderstehliche Anziehungskraft auf alle aus, die ihn wahrnehmen. Er enthält eine Botschaft.
Der Mensch ist göttlich und schöpferisch. Das Mittel dazu ist der Nous, die Erkenntnisfähigkeit.

2. Gnosis – Kontinuität und Weiterentwicklung altägyptischer Philosophie und Religion

Die Vertiefung der Kenntnisse über das Wesen der altägyptischen Philosophie und Religion auf der einen Seite und die Erschließung von Quellen der Gnosis andererseits bringen immer deutlicher die enge Verwurzelung der Gnosis im Denken des Alten Ägyptens ans Tageslicht. Seit dem Naǧʿ Ḥammādī-Fund Ende des Jahres 1945 erfährt die Gnosisforschung eine stürmische Entwicklung. Die Entdeckung hat eine große philosophiegeschichtliche Lücke geschlossen. Die Gnosis tritt uns nunmehr als profilierte Anschauung mit klarer

Systematik und einer vollständigen und integrierten Lehre entgegen. Die die Gnosis tragenden Ideen lassen sich nahtlos auf ihren Ursprung im Alten Ägypten zurückführen.
Zuallererst sei die eigene Namensgebung der Bewegung zu erwähnen: „Gnosis“ ist die „Erkenntnis“. Näher definiert ist Gnosis die erlösende Erkenntnis. Jede wahre Erkenntnis beginnt mit der „Selbsterkenntnis“. Diese These wird, wie Inschriften belegen, von den altägyptischen Lehrmeistern mit Betonung wiederholt.

Ein Anliegen der Gnosis ist die Erlösung des Menschen. Eine Etappe auf diesem Weg ist die Befreiung der Seele aus den Fesseln der fleischlichen Hülle. Der Geist sehnt sich nach Spirituellem und Höherem. Gleichzeitig wird der Mensch vom Antipoden, dem Körper, in die entgegengesetzte Richtung gezerrt. Der Körper jagt dem Irdischen und Fleischlichen nach mit seinen Verführungen. Die Gnosis hat diese Vorstellung nicht erst entdecken müssen, sie hat sie in der altägyptischen Frömmigkeit vorgefunden. Die Befreiung der Seele aus dem Leib und ihr Aufstieg in die göttliche Sphäre waren bereits im Alten Ägypten ein Vollkommenheitsideal.

Pahor Labib, Direktor des Koptischen Museums in Kairo zum Zeitpunkt der Entdeckung der Bibliothek von Nağʿ Ḥammādī, ein älterer Zeitgenosse des Autors, damals noch Schüler in Assyut, verdanken wir den ersten authentischen Durchbruch in der Gnosisforschung. Pahor Klaudius Labib, einer der ersten NHC-Forscher, erkannte sehr früh die Kontinuität des altägyptischen Denkens in den koptischen Texten von Nağʿ Ḥammādī. Er wies auf viele altägyptische Motive in den gnostischen Texten von Nağʿ Ḥammādī hin: Die Bedeutung von Thot, Seth und der hohe Stellenwert der Isis unterstreichen diese Kontinuität. Dabei hob Labib die „Wiederauferstehung“, die charakteristischen Jenseitsvorstellungen und nicht zuletzt die Trinität mit „Vater, Mutter und Sohn“ hervor. Es seien ferner die Motive „Krokodil“ und „Phönix“ genannt.[2]

[2] Pahor Labib, Egyptian Survivals in Nag Hammadi Library, in: Papers read at the First international Congress of Coptology, Cairo, Egypt, December 1976, in: Nag Hammadi and Gnosis, Vol. XIV, published in: Leiden 1978, 149 ff.

Die Hervorhebung der Motive Krokodil und Phoenix ergänzt die Kette zur altägyptischen Symbolik.
Die Gnosis ist keine statische Lehre. Im Verlauf von einem halben Jahrtausend zeigt sie eine intensive Entwicklungsdynamik, doch nie verlor sie den Bezug zum Alten Ägypten.
In der Forschung werden zwei Hauptstadien der gnostischen Evolution unterschieden: Eine sogenannte „Hermetische" und eine sogenannte „christliche Gnosis". Ich halte diese Unterscheidung nicht für sinnvoll. Selbstverständlich besteht eine Entwicklungsdynamik, doch einen Bruch hat es ebensowenig gegeben wie eine „christliche Gnosis".

3. Gnosis – Kontinuität und Weiterentwicklung der Philosophie Thots des Weisen Die Thotsche Gnosis

Die Nomenklatur „Hermetische Gnosis" ist unhistorisch und geeignet, einen Akkulturationseffekt zu bewirken.
Die Gnosis stellt eine Sonderform der Entwicklung der Philosophie Thots dar. Sie setzt die Thotsche Schule fort. Grundprinzipien der Lehre Thots mit Erkenntnis, Selbsterkenntnis, Kosmologie, Anthropologie, Universalismus, Einheit des Seins und anderes mehr werden beibehalten und ausgebaut. Es wiederholen sich in den gnostischen Schriften Aussagen, die auf Thot zurückgehen.

Die Gnosis vereint Theologie, Philosophie und Anthropologie zu einer einheitlichen Weltanschauung. Sie liefert eine umfassende Erklärung des Seins, welche ihren Ursprung bei Thot hat.
Im Mittelpunkt der Gnosis steht ebenso wie bei Thot der Mensch. Die gnostische Lehre bietet ihm einen Ausweg aus der Krisenhaftigkeit seiner Existenz.
Die Gnosis ist das wichtigste Stadium zwischen der altägyptischen Religion und dem Christentum.

4. Die sogenannte „christliche Gnosis“

Die Gnosis stellt die Brücke von der altägyptischen Philosophie zum Christentum und zur christlichen Theologie her. Elemente der altägyptischen Religion werden vom Christentum nicht in ihrer alten Form, sondern in ihrer gnostischen Neuprägung rezipiert.

Gleichwohl war die Gnosis weder in die Kirche eingezogen noch hat sie das Christentum in irgendeiner Variante rezipiert, noch hat je eine Synode die Gnosis als christlich anerkannt. Wohl aber erkannten ihre Theoretiker, daß Jesus gnostisch kompatibel ist. Aber diese Tatsache begründet den Ausdruck „christliche Gnosis“ nicht. Er ist schlicht falsch und christozentrisch. Jedenfalls muß er aufgegeben werden. Zwischen Christentum und Gnosis – auch nach der Rezeption Jesu – bestehen wesentliche Unterschiede:

a) Das Christentum ist theozentrisch.
b) Die Erlösung geschieht ausschließlich durch Jesus Christus und namentlich durch seine Selbstaufopferung am Kreuz.
c) Das Christentum ist eine Offenbarungsreligion, die auf der Heiligen Schrift basiert. Die Gnosis ist eine vernunftorientierte Anschauung.
d) Die Gnosis gründet auf Erkenntnis und Selbsterkenntnis.
e) Die Erlösung, das heißt die Befreiung von der Beflecktheit seiner körperlichen Existenz und von der Sündhaftigkeit der Welt, erlange der Mensch durch Erkenntnis (Gnosis). Diese erlösende Erkenntnis und wie man sie erlange bis zur Läuterung, lehrt die Gnosis. Der Weg dahin ist gangbar. Die Lehre liefert keine mit der anderer Religionen vergleichbare Dogmatik. Die Gnosis zeigt lediglich Mittel zum Ziel der Erkenntnis und Erlösung.
f) Es sei noch einmal hervorgehoben: Nach kirchlicher Dogmatik bestehe Gott darauf, dass ein gott-menschliches Opfer dargerbracht wird, womit die Erbsünde, nämlich der Sündenfall im Paradies, getilgt wird. Dies geschieht durch den Tod Jesu Christi am Kreuz und seine Auferstehung am dritten Tag.

   Die Gnosis verneint ausdrücklich den Kreuzestod Jesu und sagt dazu: Jesus sei nicht am Kreuz gestorben.

Den Ausdruck „christliche Gnosis“ habe ich nicht geprägt, sondern vorgefunden. Er ist nicht gerechtfertigt, denn er suggeriert, daß die Gnosis umgetauft wurde und Zugang in die christliche Kirche gefunden hätte. Diese Vorstellung ist unhistorisch. Richtig ist das Gegenteil.
Die Gnosis-Forschung war von Anfang an durch christliches Interesse an den Naǧʿ Ḥammādī-Texten motiviert. Durch den Fund versprach man sich, näher zum Urtext der Evangelien zu gelangen und Wissen über das Urchristentum zu erwerben. Aus diesem besonderen Interesse geriet die Gnosis unter das Vorurteil, eine Sonderrichtung zu sein, die mit dem Christentum in engem Zusammenhang steht. Kirchenhistoriker betrachteten sie sogar als eine christliche Sekte.

Gleichwohl haben einige gnostische Schriften, insbesondere die gnostischen Evangelien, Überlieferungen aufbewahrt, die teilweise älter und authentischer sind als die der kanonischen Evangelien.[3]
Vier Schriften der Naǧʿ Ḥammādī-Bibliothek tragen die Selbstbezeichnung Evangelium. Inhaltlich lassen sie sich – mit Ausnahme des Evangeliums der Wahrheit – dieser literarischen Kategorie zuordnen. Auch Jesus wurde rasch in das gnostische Lehrsystem integriert. Somit bestätigt der Fund bis zu einem gewissen Grad den Verdacht, eine Sonderrichtung des Christentums zu sein.
Geistesgeschichtlich besteht dieser Verdacht zu Unrecht. Die Wurzeln der Gnosis reichen viel weiter in die Geistesgeschichte zurück als die des Alten und des Neuen Testamentes, des Christentums und der Kirchengeschichte. Sie ist die Weiterentwicklung der Philosophie des Weisen Thot, die sich bereits in vorschriftlicher Zeit zu einem vollständigen Lehrgebäude konstituiert hat.

5. Zum Gnosisbegriff

Der Gnosisbegriff ist alt. Er wurde sowohl von der Bewegung selbst als auch von Nichtanhängern, sowie von Kirchenvätern (Clemens von Alexandrien, Origenes u.a.) zur Bezeichnung dieser Weltanschauung

[3] Kanonisierte Evangelien sind anerkannt durch Konzilien/Synoden der Kirche.

gebraucht. Hingegen ist der Ausdruck „christliche Gnosis“ nicht alt. Er wurde geprägt in der neueren Forschung. Er stammt auch nicht von der Gnosis, sondern von Christen. Da sich in der gnostischen Bibliothek von Naǧʿ Ḥammādī Evangelien befinden, verführte dieser Fund Forscher dazu, die Gnosis als eine christliche Variante zu betrachten. Eine genauere Analyse der gnostischen Evangelien demonstriert aber deutliche Widersprüche zwischen Gnosis und Christentum. In den gnostischen Evangelien fehlen die Passion und die Kreuzigung Jesu.

Die gnostischen Evangelien sind andere als die kanonischen, bewahren jedoch Überlieferungsgut mit authentischem Anspruch. In der Forschung wurden diese beiden Kathegorien, gnostisch und kanonisch, methodologisch nicht in jedem Fall korrekt ausdifferenziert. So wurde in der Forschung der zweiten Hälfte des zwanzigsten Jahrhunderts der Ausdruck „Christliche Gnosis“ geprägt. Der Ausdruck „christliche Gnosis“ stammt von westlichen Autoren und ist nie überzeugend begründet worden.

6. Christentum und Gnosis schließen einander aus

Der Begriff „christliche Gnosis“ ist nicht nur irreführend, sondern schlicht falsch. Die Alte Kirche hat die Gnosis nicht als eine Fehlauffassung des Christentums, sondern stets als etwas außerhalb des christlichen Glaubens stehend betrachtet.

Die Gnosis ist keine Irrlehre, die grundsätzlich etwas Gemeinsames mit der Rechtgläubigkeit hätte– z.B. Anerkennung der Heiligen Schrift, der Taufe und der Eucharistie –, in anderen Fragen jedoch eine fehlerhafte Auffassung habe. Vielmehr steht die Gnosis ganz und gar ausserhalb der christlichen Gemeinschaft, und deshalb kann mit ihr nicht auf der Basis eines vermeintlichen Konsenses diskutiert werden, um den Dissens auszuräumen. Die Gnosis ist nicht korrigierbar, sondern muß – aus der Sicht der christlichen Kirche – total aufgegeben werden. Ihre Anhänger müssen austreten und sich zum Christentum bekehren.

Die „Gnosis“ ist nie auf die Tagesordnung irgendeiner Allgemeinen Synode gesetzt worden. Ökumenische Konzilien behandeln nur innerkirchliche Streitigkeiten. Sie befassen sich nur mit christlichen Abweichlern, zu denen die Gnostiker nicht zählen. Sie sind keine Christen. Es gibt keine christliche Gnosis. Aus der Sicht der Kirche konnte man entweder Christ oder Gnostiker, aber nicht beides sein.

Richtig ist erstens, daß bereits die Apostel einen klaren Trennungsstrich zur Gnosis gezogen haben.

Richtig ist zweitens, daß die Gnosis bereits zu neutestamentlicher Zeit Platz für Jesus im Rahmen ihrer eigenen Weltanschauung einräumte, indem sie ihn mit dem „Logos“ gleichsetzte. Diese Vorstellung übernahm das Christentum von der Gnosis, nicht umgekehrt.

Der „Logos“ ist der „Sohn“. Auch diesen Ansatz entnahmen die Urgemeinde und später die kirchliche Dogmatik der Gnosis bzw. der altägyptischen Religion, nicht umgekehrt. Die Gnosis hat die altägyptische Trinität weiterentwickelt und philosophisch abgeleitet. Die Idee der Gottessohnschaft ist gnostischen Ursprungs, findet aber schon zu apostolischer Zeit Zugang in das Neue Testament.
Die Trinitätslehre ist relativ spät vom Christentum rezipiert worden. Sie findet sich zwar im Neuen Testament, dabei handelt es sich jedoch um spätere Epigraphie. Deutro-Matthäus[4], Ende des ersten kanonischen Evangeliums[5], entstand im späten dritten Jahrhundert, vielleicht sogar erst im vierten Jahrhundert.
Es ist deshalb nur logisch, auf den Ausdruck „christliche Gnosis“ zu verzichten. Eine ideengeschichtliche Revision ist notwendig.

Richtiger ist demnach, nicht von christlicher Gnosis, sondern von gnostischem Christentum zu reden. Das gnostische Christentum wird heute von den Großkirchen – freilich ohne es zu bekennen – vertreten.

---

[4] Teil der Schrift am ende der nicht vom Autor stammt.
[5] Matth. 28, 18-20.

7. Gnostisches Christentum

(Hier im Sinne von „gnostifiziertem Christentum“)
Die Rezeption der Gnosis durch die christliche Dogmatik beschränkt sich nicht auf die oben genannten, für das Christentum charakteristisch gewordenen Glaubensinhalte. Auch wenn nicht alle Dogmen gnostischen Ursprungs an dieser Stelle genannt werden sollen, muß auf jeden Fall die Christologie erwähnt werden. Hier allerdings stellen wir ein synkretistisches Phänomen fest, das sowohl vom Christentum als auch von der Gnosis vollzogen wurde. Die Notwendigkeit eines gottmenschlichen Erlösers, ja der Sohn Gottes selbst, ist dem Ursprung nach altägyptisch (Horuskult). Gott erkannte, daß sich die Menschen aus eigener Kraft nicht werden erlösen können. Gott müsse intervenieren. Aus gnostischer Sicht findet aber kein Loskauf statt. Der Logos dient als Vorbild und Anleiter auf dem Weg der Erlösung.

Christlich gesehen wurde eine Verbindung zur Erbsünde hergestellt. Damit ist die Notwendigkeit eines gottmenschlichen Erlösers erforderlich geworden. Auch dieser Aspekt wurde dem Prinzip nach der altägyptischen Religion entnommen, ist aber nicht gnostisch. Gnostisch ist die „Inkarnation des Logos“. Diese Konsequenz wurde vom Christentum nicht nur der Idee nach, sondern auch terminologisch rezipiert, dann aber inhaltlich anders motiviert und biblisch abgeleitet.
Sehr auffällig ist die Rezeption der Gnosis durch die christliche Kirche an Hand der Symbolik. Isis mit dem Horusknaben wurde unverändert zur Maria mit dem Jesuskind. Auch heute noch stehen wir vor einem Fund und fragen uns: Wer wird hier dargestellt, Isis mit Horus oder Maria mit Jesus oder vielleicht noch beide Dyaden in einer Figur?
Vom Christentum rezipiert wurden ferner die Mysterien und der Mysterienkult. Die Kirche im einundzwanzigsten Jahrhundert nach Christi Geburt zeigt noch viele gemeinsame Elemente mit der Gnosis. Die Urheberschaft vieler Gedanken der ersten christlichen Jahrhunderte, die aus kirchlicher Sicht dem Christentum zugeschrieben wird,

geht historisch oft auf die Gnosis zurück. Der Ausdruck „christliche Gnosis“ ist irreführend. Richtiger ist: „gnostisches Christentum“.

Ausdrücke, Fachbegriffe einbezogen, sollen stets mit einer Relativierung im Kopf zur Kenntnis genommen werden. Auch unter der Relativierung lehnen wir den Ausdruck „christliche Gnosis“ ab. Er suggeriert einen Bruch in der Entwicklung der Gnosis, der real nicht eingetreten ist. Die Gnosis stellt nicht einen Bruch zur Thotschen Gnosis und nicht einmal in Beziehung auf ihr Verhältnis zur ägyptischen Philosophie dar, vielmehr ihre konsequente Weiterentwicklung.
Es gibt also die „Gnosis“ schlechthin, die jedoch über eine Eigendynamik verfügt. Und wenn die Gnosis eines Attributs bedarf, dann ist es die „Thotsche Gnosis“. Thot prägte die Gnosis und wurde durch sie auf den aktuellen Stand der geistigen Entwicklung gebracht.
Die Rezeption Jesu durch die Gnosis stellt keinen Bruch gegenüber der Thotorientierten Gnosis dar, so daß wir beide Stadien zur einheitlichen Gnosis zusammenfassen und gemeinsam behandeln können, ohne eine feine Differenzierung, wo sie sinnvoll ist, aus den Augen zu verlieren.

8. Was ist Gnosis? (2)

Die Gnosis ist eine ontologische Philosophie, das heißt, sie erklärt das Sein und alle Grundfragen, die mit dem Sein zusammenhängen. Das gnostische Lehrgebäude betrachtet die Kosmologie als den Rahmen zum Verstehen des Seins – und des Menschen. Damit wird als Kernfrage die Stellung des Menschen im Rahmen des kosmologischen Weltbildes aus universeller Perspektive betrachtet. Von da gelangt die Gnosis zu dem entscheidenden Problem der Krisenhaftigkeit menschlichen Seins. Wie wird der Mensch aus der Verirrtheit gerettet? Letztes Erkenntnisziel ist der Weg zur Erlösung.
Die Gnosis versteht sich sowohl als Philosophie als auch Weltanschauung. In beiden Eigenschaften setzt sie altägyptisches Gedankengut fort und entwickelt es weiter.

Die Gnosis betrachtet die Erkenntnis als den Weg des Menschen zur Vollkommenheit und zum Heil. Durch Gnosis erlangt der Mensch die Erlösung. Daraus ergeben sich für die Gnosis eine Reihe entscheidender Konsequenzen:

1) Der Mensch befindet sich in einem Zustand, in dem er der Erlösung bedarf.
2) Der Mensch verfügt über die Fähigkeit zur Erkenntnis.
3) Er ist ausgestattet mit Vernunft „Nous", dem Mittel zur Erkenntnis.
4) Voraussetzung einer jeden wahren Erkenntnis ist die Selbsterkenntnis.
5) Die Erkenntnisfähigkeit des Menschen begründet seine Autonomie gegenüber jeder Fremdbestimmung, sei es von klerikaler oder staatlicher Seite.
6) Die Selbsterkenntnis ist der Weg zum Heil und zur Erlösung.

9. „Nous" – Die Erkenntnis- und Vernunftsphilosophie

Ein Kontinuitätsfaktor der ägyptischen Philosophie von Thot über die Thotorientierten Schulen bis zur Gnosis ist die Vernunft „Nous". „Nous" ist zum charakteristischen Begriff der Gnosis geworden. Er ist der Ort, an dem Erkenntnis entsteht. Erkenntnis ist autokreativ und schöpferisch.

10. Vernunft

Die Entdeckung der Vernunft hat eine lange Geschichte. Mit „Nous" hat die Gnosis den grundlegenden Stein gelegt. Die arabische Philosophie konnte auf diese philosophische Leistung zurückgreifen und sie unter dem Begriff „ʿAql" weiterentwickeln.

Die „Vernunft ist eine eigenständige Instanz in der Struktur des Menschen. Ihre Tätigkeit ist das Begreifen und Verstehen. Auf der Vernunft bauen der Rationalismus und die Vernunftsphilosophie auf. Ohne die Grundlegung und Reflexion der Dimension „Vernunft" wäre eine Vernunftsphilosophie undenkbar gewesen.

Von der ägyptisch-arabischen Philosophie über die Muʿtaziliten und Ibn-Rušd (Ibn-Ruschd, genant Averroes, gest. 1298) gelangte der Rationalismus nach Europa.
Bevor wir die Gnosis in ihrer Selbstdarstellung behandeln, leiten wir mit dem Abschnitt „Gnosis in der zeitgenössischen Fremddarstellung" ein. Darum sind die vorausgegangenen Thesen notwendig, um die Fremddarstellung mit dem notwendigen hermeneutischen Abstand zur Kenntnis zu nehmen.

Zweiter Abschnitt
Gnosis in der zeitgenössischen Fremddarstellung

1. Gnosis nach Darstellung des Neuen Testamentes – unter besonderer Berücksichtigung der authentischen Briefe des Apostels Paulus

Paulus ist einer der Autoren, der sich intensiv mit der Gnosis befaßt hat. Wenn sich andere Verfasser des Neuen Testamentes zur Gnosis äußerten, dann pauschal, zu allgemein und polemisch. Polemisch war Paulus auch, doch ist er inhaltlich auf die Gnosis eingegangen und hat sich mit ihr argumentativ auseinandergesetzt, ohne dabei den Ausdruck Gnosis zu verwenden. Doch aus dem Charakter der Polemik lässt sich ohne weiteres schließen, daß Paulus die Gnosis meint, ohne sie namentlich zu nennen.

Gemeindebriefe des Apostels Paulus

Einen Eindruck von der Breite und den in- und extensiven missionarischen Aktivitäten der gnostischen Bewegung bekommen wir indirekt aus den echten Briefen des Apostels Paulus. Er selbst bereiste viele Orte, um dort das Evangelium zu übermitteln. Sein Hauptproblem war die entgegengesetzte Tätigkeit der Gnostiker, die ihm seine Erfolge streitig machten. Gnostische Missionare brachten ihn unter Rechtfertigungszwang und in Legitimationsnot. In Korinth z.B. waren bereits gewonnene Christen wieder zu den Gnostikern übergetreten. Dem zweiten Korintherbrief entnehmen wir, welche dramatische Situation dort durch den Konflikt zwischen Paulus und den Gnostikern eingetreten ist. Gnostische Ideenträger konnten beachtliche Teile seiner Gemeinde für sich gewinnen. Auch wenn man in Rechnung stellt, daß sich im Neuen Testament nur die eine Seite meldet und sehr parteilich äußert, kann man sich dem Eindruck nicht entziehen, daß die gnostische Front gegen Paulus heftig und erfolgreich war.[6]

---

6 Vergl. 2. Kor. 10-13.

Die Linienkämpfe wiederholten sich mit ähnlicher Dramatik. In Philippi waren es zwar Gnostiker, nicht jedoch mit denen von Korinth identisch. In keinem seiner Briefe spricht Paulus ausdrücklich von „Gnostikern" oder „Gnosis" im Sinne der Bewegung. Die Polemik kann sich jedoch nur auf Gnostiker beziehen. Das ist vor allem aus den Stellen zu schließen, wo Paulus inhaltlich auf die Gegner eingeht. Er referiert nicht die gegnerischen Positionen aus neutraler Haltung. Das war auch nicht sein Anliegen. Zum einen mußte er davon ausgehen können, daß die Empfänger seiner Briefe mit den Standpunkten der Gegner vertraut gewesen waren, zum anderen war es nicht seine Aufgabe, eine Geistesgeschichte zu schreiben. Man solle also dem Paulus nicht vorwerfen, er hätte Thesen und Antithesen wertfrei nebeneinanderstellen und anderen das Urteil überlassen müssen.
Paulus greift einen Grundgedanken der Gnosis auf, nämlich „Pleroma" (darauf gehen wir weiter unten ein) und setzt sich damit auseinander. Er war ein Missionar um Christi Sache, der um seine Gemeinde besorgt war. Bedauerlich ist allerdings, daß von Seiten der gnostischen Fraktionen keine Selbstdarstellung zu dieser Polemik erhalten ist, die man mit der Fremddarstellung des Paulus hätte kontrastieren können.
Trotzdem oder auch deshalb sind die Ausführungen des Paulus von großem ideengeschichtlichem Wert. Überdies machen sie auf die Angriffsflächen der gnostischen Lehre aus christlicher Sicht aufmerksam. Die Kritikpunkte des Paulus, wo sie berechtigt waren, machten auf Mängel aufmerksam, welche die Bewegung nicht ignorieren konnte. Die Gnosis entwickelte die Emanationslehre als eine überlegenere Alternative zum biblischen Schöpfungsmythos. Auch damit konnte sich Paulus nicht abfinden.

Anzunehmen ist, daß revisionsbedürftige Stellen von den Gnostikern korrigiert wurden. Ein beachtlicher Teil der Nağʿ Ḥammādī-Bibliothek (NHB) ist chronologisch nach Paulus geschrieben worden. Die Gnostiker hatten Gelegenheit, angreifbare Stellen zu revidieren, so daß Kritikpunkte des Apostels zumindest teilweise gegenstandslos sind. Die Gnosiskritik des Paulus ist auch für uns wertvoll, insbesondere in bezug auf die vergleichende Theoriebildung und Systematik der beiden wichtigsten Bewegungen der Epoche, Christentum und Gnosis.

Aus der Paulinischen Apologetik schließen wir auf Aspekte der Kosmologie und des Weltbildes der Gnosis seiner Zeit. Dem Kolosserbrief entnehmen wir, daß die hier wirksam vertretene Variante der Gnosis drei Charakteristika aufwies:

1. Die „Weltenelemente (stoicheîa toû kosmou)“ (Kol. 2) seien Zwischenmächte, die zwischen Gott und dem Menschen stehen. Das deckt sich natürlich mit der Gnosis, allerdings was Paulus nicht darstellt, ist die Tatsache, daß die Gnosis diese Frage rein kosmologisch betrachtet.

   Paulus geht von einem anderen Gottesbild als die Gnosis aus. Nach seinem monotheistischen Gottesverständnis gibt es einen Schöpfer und eine Schöpfung und kein Überströmen der Schöpfung aus der Fülle des Schöpfers, während die Gnosis die Emanation vertrat. Gnostisch betrachtet ist es nicht so, daß der Mensch keinen direkten Zugang zu Gott hätte, vielmehr ist es so, daß das Sein eine Einheit darstellt (Monismus), wo alles Seiende einen Standort nach entsprechender Anordnung hat. Es ist der Anspruch der Gnosis, einen Entwurf zur ganzheitlichen Erklärung des Seins vorzulegen, in dem personale und kosmische Größen jeweils ihren Platz haben. Inwieweit die kosmischen Elemente Einfluß auf das Schicksal haben, hätten wir nur anhand zeitgenössischer Selbstdarstellungen der Gnosis beurteilen können, da aber läßt uns die Materiallage im Stich.

   Die Polemik des Paulus bezieht sich sicher auf die „Äonen“ und „Sphären“, wie wir aus der erhaltenen gnostischen Selbstdarstellung wissen. Paulus meint, daß nach gnostischer Anschauung den Äonen und Sphären Anerkennung gebührt. Die Gnostiker forderten die Christen auf, auch sie sollen den Mächten Verehrung darbringen. Diese Polemik können wir nur zur Kenntnisnahme referieren. Mehr kann man mit Hinblick auf die Materiallage nicht sagen.

2. Die Gnostiker wollten Jesus für sich in Anspruch nehmen. Dieser sei freilich ein gnostischer Jesus. Sie räumten ihm einen Platz in der kosmischen Hierarchie ein. In der gnostischen Literatur wird Jesu ein erhabener Ehrenplatz zugewiesen. Er ist nächst zu Gott das Oberhaupt des Universums. Das ist aber für Paulus nicht genug. Jesus ist nicht eine hierarchisch einzugliedernde Person. Er ist der Herr der Schöpfung.
3. Nach gnostischer Sicht gelangt der Mensch durch die Fülle (Pleroma) zu den höheren Weltenelementen. Nach Paulus ist es umgekehrt: Der Mensch gelange ausschließlich durch Christus, den Erlöser, zum Pleroma. Jesus Christus ist der Zugang zum Pleroma.

Gemäß dem Kolosserbrief des Paulus pflegten die Gnostiker in Kolosser einen Mysterienkult.

Pastoralbriefe

Bezug auf die Gnosis nimmt auch der erste Brief an Timotheos (dem Paulus zugeschrieben, aber kein echter Paulusbrief. Der Apostel war schon lange tot, als Timotheos verfaßt wurde). Wenn 1.Tim. 6,20 gegen die „fälschlich sogenannte Gnosis" argumentiert, dann liefert er uns damit eine wertvolle Information:

1. Die Bewegung hat sich selbst als „Gnosis" bezeichnet und definiert.
2. Der Name „Gnosis" ohne Attribut war schon sehr früh, bereits im ersten christlichen Jahrhundert, durch die Bewegung belegt.
3. „Gnosis" an sich ist keine schlechte Einstellung, sonst würden spätere Verfasser und Kritiker der Gnosis ihr die Selbstbezeichnung nicht aberkennen wollen. Die Christen hielten sich selber für die richtigen und wahren Gnostiker.
4. Es ist ganz klar, daß sich die christliche Kirche gegen die Gnosis abgegrenzt hat. In der Gemeinde hingegen gab es offensichtlich

– starke – synkretistische Tendenzen. Die Gnostiker hatten nichts dagegen, wohl aber die Kirche.

Inhaltlich kennzeichnen die Pastoralbriefe – freilich polemisch – die gnostischen Lehren als „endlose Mythen und Legendenbildungen" u.a.m.[7] Wiederholt werden die hierarchischen Strukturen des Kosmos, die Äonenreihen, die Engelmächte, die Kosmologie und die Weltenbilder angeprangert.
Der christliche Glaube von der Schöpfung gemäss Genesis 1 und 2 kann nicht mit der komplexeren Kosmogonie der Gnosis vereinbart werden. Sehr interessant ist der Beleg, daß die Gnosis die Auferstehung der Toten spiritualisiert.[8] Dieses Auferstehungsverständnis begegnet uns ein Jahrtausend später bei Iḫwān aṣ-Ṣafāʾ.

2. Die Bedeutung des Neuen Testaments und der paulinischen Kritik für die Gnosisforschung

Es ist verständlich, daß weder Paulus noch andere Autoren des Neuen Testaments eine neutrale Darstellung der Gnosis liefern. Das hat auch keiner beansprucht oder behauptet. In seiner Auseinandersetzung beschränkt sich Paulus auf jene Fraktionen, mit denen er selbst in seinem Missionsgebiet konfrontiert war. Noch enger gefaßt: Er führt nur jene gnostischen Positionen an, die angreifbar und für Paulus aus christlicher Sicht anstößig sind. Gemeinsamkeiten werden weder gesucht noch erwähnt.
Indes ist das Neue Testament für die Gnosisforschung unentbehrlich. Es setzt sich mit der Gnosis – als Gegner – auseinander und liefert damit in doppelter Hinsicht wertvolle Informationen: Zum einen was die Gnosis vertritt (gesehen zwar aus oppositioneller Sicht) und zum anderen, wie das Christentum zu ihr und ihren einzelnen Thesen steht. Hinzu kommt die Tatsache, daß das Neue Testament ein gut erhaltenes Dokument ist, während das meiste aus der Zeit des Urchristentums verlorengegangen ist. Daraus bekommen wir

7 1. Tim. 1,4; 4,7; 2. Tim. 4,4; Tit. 3,9.
8 2. Tim. 2, 28

einen Eindruck davon, wie groß die Geschichtslücken, die durch die vermißte Literatur auftreten, sind.
Aus der intensiven Polemik in den Briefen des Neuen Testamentes gegen die Gnosis können wir nachempfinden, wie groß Präsenz und Bedeutung der Gnosis schon zur Zeit des Urchristentums waren. Sie wurden ernstgenommen. Aus der Sicht der Kirche, die sich expandieren wollte, wurde die Gnosis als ein sehr gefährlicher Rivale gefürchtet. Aus der Polemik des Paulus lesen wir indirekt, wie stark, gut organisiert und missionarisch tüchtig die gnostische Bewegung war. Gut geschulte Ideenträger, vom Zentrum in Ägypten geleitet und auf die Missionsgebiete verteilt, waren unterwegs. Mit großem Enthusiasmus für ihre Sache sind die Kader weit gereist, um die Menschen für die Gnosis zu gewinnen. Von der Zentrale wurden gnostische Ideenträger gezielt zu den christlichen Missionsorten geschickt, um den christlichen Gesandten gegenzusteuern.

Da Paulus sich in verschiedenen Briefen mit unterschiedlichen gnostischen Positionen auseinandersetzt, verstärkt er bei uns das Bild, daß es nicht die einheitliche Gnosis gab. Vielmehr handelte es sich um eine Vielfalt von Strömungen und Fraktionen, die ebenso Gemeinsamkeiten wie auch Differenzen hatten.
Die Polemik des Neuen Testaments ist von großer inhaltlicher, ideenhistorischer Bedeutung sowohl über die Gnosis als auch über das Urchristentum als auch über ihre Beziehungen zueinander. Ohne jede sachliche Bedeutung hingegen sind die Schmähungen und Beschimpfungen, mit denen die Gnostiker als gottlos, unmoralisch und sonstwie belegt wurden. Im historischen Kontext betrachtet waren solche Methoden der Herabsetzung von Gegnern Routine; wir kennen sie auch aus der Beschreibung anderer Anschauungen. Sie gehören sozusagen zum Betriebsleben. Die Autoren meinen, ein möglichst negatives Bild vom Gegner ausmalen zu müssen, um ihre Schäfchen vor jedem Kontakt zur Gnosis abzuschrecken. Dabei widersprechen die Verfasser sich selbst. Ungewollt erkennen sie die zum Teil übertriebene Askese, den Wert des Zölibats und die tiefe

Frömmigkeit der Gnostiker an, die in Einzelaspekten über das Ziel hinausschießen: „Sie verbieten die Ehe und fordern die Enthaltung von Speisen“.[9] Diese gnostischen Einstellungen werden als Verachtung von Gottesschöpfung und der erschaffenen Ordnung bekämpft. Hier erlaubt sich die Geschichte die ihr eigene Ironie. Historisch betrachtet hat es nicht lange gedauert, bis exact die hier verschmähten Formen der Frömmigkeit sich in Kreisen des Christentums breitmachen. Spätestens seit dem 3. Jahrhundert sind Askese, Zölibat und Mönchstum im Christentum hoch angesehene Werte und keine Seltenheit.

Das Neue Testament sieht keine Möglichkeit der Annäherung von Gnosis und Christentum. Es bekämpft allgemein und grundsätzlich jede aktuelle und potentielle Abweichung von der christlichen Lehre. Insofern ist das Konstrukt „christliche Gnosis“ völlig indiskutabel. Dem tut es keinen Abbruch, daß die Gnosis ihren eigenen – gnostischen – Jesus rezipierte.
Zur Zeit Jesu selbst war die Gnosis in seinem unmittelbaren Milieu nicht aktuell. Sie war kein Thema seiner Verkündigung. Aus den Episteln hingegen sehen wir, daß schon sehr früh in apostolischer Zeit eine Ausgrenzung erforderlich geworden ist.
Nun sind wir im Besitz des – nicht als kanonisch anerkannten – Thomasevangeliums. Hier finden sich Logien[10], die als gut gnostisch gelten können. Auf diese Frage kommen wir später zurück (siehe weiter unten den dritten Abschnitt dieses Kapitels).
Die Gnostiker ihrerseits strebten kein Bündnis mit der christlichen Kirche an. Sie haben jedoch die christliche Botschaft nicht als eine feindliche Verkündigung betrachtet. Sie sind in die Missionsgebiete der Apostel in der Absicht eingereist, Mängel der christlichen Lehre, darunter das Fehlen der Kosmologie, aufzuzeigen, um diese nachzuholen. Die Gnostiker mußten natürlich auf die Gegenpropaganda reagieren und gegebenenfalls gegen das Christentum, genauer gegen seine Vertreter, agieren.

[9] 1. Tim. 4,3.
[10] Logien – Worte/Sprüche, die Jesus zugeschrieben werden.

Das heißt: Christentum und Gnosis standen von Anfang an im Kampf gegeneinander. Gnostische Ideenträger scheuten keine Debatte und nahmen jede Herausforderung an. Die Gnosis stellte eine große Bedrohung für den Bestand des Christentums dar. In bezug auf das Verhältnis zum Gegner war die Kirche unversöhnlicher als die Gnosis.

Im Neuen Testament tritt niemand für die Gnosis ein. Hier gibt es nur Gegner. Die Argumente sind unterschiedlich, die antignostische Position ist Konsens.
Gleichwohl lassen sich gewisse gnostische Einflüsse auf das Neue Testament nicht verkennen. Diese berühren sogar Grundsätze von Christologie und Theologie des Christentums. Am deutlichsten sind sie im Prolog des Johannes. Am auffälligsten ist die Logostheologie in Joh. 1,1-17. Johannes, Kap. 8, sagt ausdrücklich: „Das Wissen macht euch frei", kommentiert diese These aus christlicher Sicht aber weiter. Auch in anderen Schriften sind gnostische Einflüsse nicht ausgeblieben. Als Beispiel sei der Schluß des Matthäusevangeliums mit dem trinitarischen Bekenntnis[11] genannt, wo sich der Evangelist stärker an Plotin aus Assyut anlehnt.
Das Neue Testament ist unerläßlich zur Erforschung von Geschichte und Lehre der Gnosis. Durch die präzise formulierten Kritikpunkte des Paulus können wir aus dem zeitlichen Abstand auf Schwerpunkte gnostischer Verkündung schließen. Aus den paulinischen Antithesen rekonstruieren wir die Thesen. Gerade für das erste christliche Jahrhundert bestehen Geschichtslücken, die – wenn auch nur teilweise – durch das Neue Testament geschlossen werden können.

In der zweiten Hälfte des ersten christlichen Jahrhunderts standen folgende Thesen und Antithesen im Mittelpunkt der christlich / gnostischen Debatte:

1. Erlösungslehre: Die Gnosis lehnt konsequent die christliche Soteriologie[12] ab mit Sündenfall, Erbsünde, Kollektivschuld und Loskaufen durch einen Erlöser, stellvertretend für die ganze

[11] Matth 28, 18-20.
[12] Soteriologie – Erlösungslehre, die nicht von den Aposteln stammt.

Menschheit. Die Gnosis ist der Auffassung, daß Erlösung ein Erkenntnisvorgang ist.

2. Die Paulinische Rechtfertigungslehre (Römerbrief) verkündet, daß die Erlösung des Menschen ein Gnadenakt Gottes sei, der nicht durch die Werke des Menschen verdient ist.
3. Logoschristologie: Das Christentum entnahm der Gnosis den Logosbegriff, nicht aber deren Logosanschauung.
4. Präexistenz Christi: Für die Gnosis wie für das Christentum ist der Logos präexistent.
5. Kosmologie: Unversöhnlich trennt die Kosmologie Christentum und Gnosis. Für das Christentum war die Kosmologie ebenso inakzeptabel wie für die Gnosis der Verzicht darauf.
6. Stellung des Logos: Die Gnosis proklamiert den Logos als vom Vater der Wahrheit eingesetztes Oberhaupt der Äonen und des Kosmos. Das ist für Paulus völlig unzureichend. Jesus ist wesensgleich mit dem Vater und ist Gott des Kosmos.
7. Selbsterkenntnis: Paulus nimmt keine Stellung zur Bedeutung der Selbsterkenntnis und Erkenntnis. Weder bejaht noch verneint er diese Lehre und läßt sie in der Polemik völlig fallen.
8. Kosmogonie: Ebenso abgelehnt wird von allen Autoren des Neuen Testaments, sofern sie sich zur Gnosis geäußert haben, die gnostische Kosmogonie.
9. Eine Ähnlichkeit zwischen der biblischen und der gnostischen Lehre kommt zum Ausdruck durch die Paralelle von biblischem Sündenfall und dem gnostischen Abfallen. Eine Analogie zum Sündenfall kommt in der Gnosis vor: Die gnostische Anthropologie lehrt, dass der Mensch ursprünglich edel war, aber von diesem edlen Zustand abgefallen ist. Durch Erkenntnis und Selbsterkenntnis - im Rahmen der Gnosis - katapultiere er sich in den ursprünglichen Zustand hinauf.

3. Konklusion

1. Die Gnosis war eine gut organisierte Bewegung. Mit großem Mißtrauen verfolgte sie die christliche Mission. Aus einem Zentrum in Ägypten wurden gnostische Gegenmissionare planmäßig beauftragt, in die christlichen Missionsgebiete zu reisen und Gegenmission zu führen. Die gnostischen Ideenträger waren in der Theologie des Paulus gut geschult. Sie konnten seine Thesen entkräften und offensichtlich erfolgreich Christen für die Gnosis gewinnen.
2. Die von einem Teil der Forscher vertretene Auffassung, Gnosis und Christentum seien anfangs brüderlich miteinander umgegangen, dann trennten sie sich, und aus einem freundschaftlichen Verhältnis sei ein feindseliges geworden, ist eindeutig falsch. Richtig ist, daß beide Weltanschauungen von Anfang an getrennte Wege gegangen sind.
3. Dieser Tatsache tut es keinen Abbruch, daß sich vereinzelt Kirchenväter mit beiden Bewegungen verbunden fühlten. In Alexandrien, wo jeweils Gnosis und Christentum stärker vertreten waren, betonten nicht wenige Kirchenväter, als Christen die wahren Gnostiker zu sein.
4. In keinem Widerspruch zur These zwei steht ferner die Feststellung, daß beide Bewegungen sich gegenseitig weit mehr beeinflußt haben, als man gewöhnlich denkt.
5. Sehr früh nahm die christliche Kirche klar Stellung zur Gnosisfrage und zog einen eindeutigen Trennungsstrich zu den Gnostikern. Aus christlicher Sicht kann man nicht beides sein.
6. Ein Mißverständnis in dieser Frage rührt daher, daß christliche Autoren von Gnosis sprechen, wobei sie oft die „Erkenntnis" schlechthin und nicht unbedingt eine weltanschauliche Bewegung dieses Namens meinen. Die Kirchenväter lernten sehr bald, sich immer deutlicher abzugrenzen. Wenn sie sich auf die Gnosis als Bewegung bezogen, fügten sie zu dem Ausdruck entsprechend abqualifizierende Attribute (z.B. „die sich fälschlich als Gnosis bezeichnet") hinzu.

7. Bei jeder Polemik nimmt die Frage der Kosmologie einen zentralen Stellenwert ein. Aus gnostischer Sicht ist sie unabdingbar für das Verstehen des Seins. Aus christlicher Sicht ist die Kosmologie irrelevant. Für das Christentum signifikant sind Christologie und Soteriologie, wobei diese Fragen von der Kosmologie völlig abgekoppelt werden.
   Für die Gnosis ist die Abkopplung der Kosmologie von der übrigen Lehre ebenso indiskutabel wie für die Christen die Einordnung Jesu in die Kosmologie.
8. Deshalb konnte es seit Entstehung des Christentums, das ja die Gnosis vorgefunden hat, keine Einigung von Christentum und Gnosis geben. Die Kirche verlangte von den Gnostikern den Ausstieg als Bedingung für ihre Aufnahme, während die Gnostiker keine Unvereinbarkeitsbeschlüsse erlassen haben, wenn man ihre Lehre annahm.

a) Das Neue Testament liefert eine Fremddarstellung der Gnosis. Umso interessanter wäre es, diese mit der zeitgenössischen Selbstdarstellung der Gnosis vergleichen zu können. Doch fehlen an vielen aufregenden Passagen des Paulus die entsprechenden gnostischen Quellen.
b) Das Neue Testament bleibt unentbehrlich zur Schließung von literaturhistorischen Lücken. Indes treten die Autoren des NT solchermaßen demonstrativ und offensiv gegen die Gnosis auf, die sich zu unversöhnlichen Gegnern und zum Feindbild konstruieren. Dieses neutestamentliche Urteil hat das Image der Gnosis bis zur Entdeckung der Naǧʿ Ḥammādī-Bibliothek bestimmt.
c) Durch die inhaltliche Polemik des Paulus begreifen wir die paulinische Theologie und Christologie viel besser als ohne die Polemik. Aber auch die Gnosis – unter Abzug von Entstellungen – tritt uns deutlicher in Erscheinung.

Im zweiten Jahrhundert – wir werden es gleich sehen – hat die Gnosis Jesus nächst zum Vater als Haupt der Schöpfung eingesetzt. Christen und Gemeinden haben darin eine Chance gesehen, sich mit der

Gnosis anzufreunden. Hingegen ist die theologische Führung –z.B. Irenäus und Klemens von Alexandrien – unverändert unversöhnlich geblieben.

4. Die Kirchenväter und die Gnosis

Die Einstellung, wie sie im Neuen Testament dargelegt ist, wird von den Kirchenvätern rezipiert und beibehalten.

Klemens von Alexandrien (140-215)

Der Ägypter Klemens von Alexandrien war unbestreitbar der allgemein anerkannte führende Theologe der Epoche. Obwohl Klemens nicht ein direkter Apostelјünger war, wurde er sehr früh in den Rang eines apostolischen Kirchenvaters eingestuft. Er leitete die Theologische Hochschule (damals „Katechetenschule" genannt) von Alexandrien. Ihre Position war nicht nur für Ägypten, sondern für die gesamte christliche Welt maßgebend. Klemens konnte Koptisch und Koine.

Die Position Klemens zur Gnosis hat sich im Lauf der Jahre entwickelt. Der junge Klemens war aufgeschlossener gegenüber der Gnosis. Später setzte er sich mit der Gnosis auseinander und stellte sie als eine unchristliche Sekte dar. Nach ihm seien Christentum und Gnosis unvereinbar. Seine polemische Schrift gegen die Gnosis zählt zu den wichtigsten Dokumenten sowohl über die Gnosis als auch über den christlichen Konsens zur Gnosisfrage.

Klemens von Alexandrien ist Verfasser dreier Briefe: Erster, zweiter und dritter Klemensbrief. Der erste Klemensbrief wird als kanon-ähnlich betrachtet. Von dem großen literarischen Schaffen Klemens erhalten sind: „Protreptikos", in der er die Nichtchristen zur Annahme des christlichen Glaubens einlädt, ferner „Paidagogos" (der Lehrmeister, der Erzieher) und die „Stromateis" („Teppiche"). Darin betrachtet Klemens das Christentum aus philosophischer Sicht und schlußfolgert: Es sei die wahre Philosophie.

Irenäus (um 135-ca. 200)
Irenäus stammt aus Anatolien, das historisch zu Syrien gehörte. Im Jahr 177/78 wurde er auf den Bischofsstuhl von Lyon berufen. Er trat leidenschaftlich für die Orthodoxie ein und verfaßte eine grundlegende Schrift gegen abweichende Meinungen und Weltanschauungen seiner Zeit, zu denen vorrangig die Gnosis und der Valentinianismus zählten.

Auch Valentin stammt aus Ägypten und ist schon immer Gegenstand der Polemik von seiten der Kirchenväter gewesen. Ob Valentin selber oder seine Schüler ein „Evangelium der Wahrheit" wirklich verfaßt haben, ist fraglich. Irenäus jedenfalls schreibt das Evangelium veritatis dem Valentinianismus zu und setzt sich mit ihm auseinander.

Die umfangreiche antihäretische Abhandlung Irenäus erlangte kirchen- und dogmengeschichtlich eine große Bedeutung:
Irenäus, Adversus haereses (Gegen die Häretiker), wurde 180 nach Christi Geburt veröffentlicht. Unter anderem nahm Irenäus Stellung zum „Veritatis Evangelium".

Die Gnosis hat mehrere Bücher veröffentlicht, die in ihrer Titulatur als „Evangelium" bezeichnet wurden. Das wurde als eine Falle für die christlichen Gläubigen aufgefasst, die zwischen den kanonischen Evangelien und den gnostischen Evangelien nicht ohne weiteres hätten unterscheiden können.
In diesem Zusammenhang sprach der Bischof von Lyon dem Evangelium Veritates und seinen Herausgebern jede Zugehörigkeit zur apostolischen Lehre und Tradition ab: „ (…) in nihilo conveniens apostolorum evangeliis (…)" (Das („Veritatis Evangelium") stimme in nichts mit den Evangelien der Apostel überein). Auch Irenäus betonte die Fraktionierung der Gnostiker und die Vielfältigkeit ihrer Anschauungen.
Klemens und Irenäus zählen zu den wichtigsten Kritikern der Gnosis, sind aber nicht die einzigen. Die christlichen Kritiker von Häresien,

zu denen die Gnosis gezählt wird, orientierten sich an der Position der Päpste von Alexandrien als Normativ für die Orthodoxie. Inzwischen wurde Klemens von Alexandrien kanonisiert, so daß auch seine Kritik an der Gnosis breit rezipiert wurde.

Origenes (185-253/254)
Origenes gilt mit Abstand als größter Gelehrter der Alten Kirche. Er ist Schüler des Klemens und folgte ihm in der Leitung der Theologischen Hochschule von Alexandrien, des ältesten heute noch (in Kairo) bestehenden Lehrinstituts. Der Ägypter Origenes (Horossohn) beherrschte neben Koptisch und Koine mehrere alte und aktuelle Sprachen. Er stellte eine kritische sechsspaltige Ausgabe der Bibel auf und verfaßte zahlreiche große Werke. Klemens und Origenes gelten als Begründer der christlichen Theologie. Origenes folgte der Linie Klemens, indem er den Gnostikern die Gnosis streitig machte. Sich selber aber zählte er zu den wahren Gnostikern.

Klemens und Origenes sind die Begründer der Definition der Rechtgläubigkeit. Sie haben erste Scheidungen von kanonischen und häretischen Schriften getroffen. Sie legten die Grundlagen der Theologie fest, die sehr bald zur allgemein anerkannten Lehre geworden sind. Bei einer Vielfalt von Sekten, Devianzen und Häresien war es notwendig, die Rechtgläubigkeit zu definieren. Das taten die beiden ersten und großen Leiter der theologischen Schule von Alexandrien. Die von ihnen begründete Linie besteht heute noch.

Hippolyt
Unter den weiteren Autoren, die sich mit der Gnosis befaßt haben, sei noch Hippolyt (er starb 235) zu nennen: „Refutatio omnium haeresorum". Auch hier herrscht die Einstellung vor, den Unterschied zwischen Christentum und Gnosis deutlich herauszustellen. Die Gnosis sei keine Abweichung vom Christentum, sondern ein ganz anderer Weg außerhalb der biblischen Offenbarung. Die unversöhnliche Einstellung zur Gnosis setzte sich in der Schule Hippolyts fort,

die auch das antihäretische Werk des Lehrmeisters mit Nachfolgeschriften ausgebaut hat. Somit gilt das Grundlagenbuch Hippolyts als eines der wichtigsten Haeresiographien.

Athanasios von Alexandrien (295-373)

Der aus dem oberägyptischen Achmim stammende Papst von Alexandrien (seit 328) ist mit Abstand der bedeutsamste Theologe der Alten Kirche. Er erlangte weltweite Anerkennung. Ihm wird der 2. Mai als jährlicher Gedenktag gewidmet. In allen Fragen des christlichen Glaubens legte er die Position der Rechtgläubigkeit fest. Während seines langen Pontifikats war die Gnosis auf dem Höhenflug. In bezug auf viele Grundfragen war der Unterschied zwischen der gnostischen und der christlichen Lehre unklar. Das galt auch für das Thema „Logos". Die Christen erkannten die Gottessohnschaft Jesu, des Logos, an. Das vertrat die Gnosis auch. Athanasios sah sich veranlaßt, die Christologie klarzustellen und gegen häretische Auffassungen abzugrenzen. Dazu verfaßte er die Schrift: „Die Inkarnation des Logos". Sie erlangte die ökumenische Anerkennung. Er verfaßte außerdem das nach ihm benannte „Athanasianische Glaubensbekenntnis", das durch die großen Allgemeinen Konzilien kanonisiert und bis heute als Teil der Liturgie im Osten und Westen in die gottesdienstliche Ordnung aufgenommen wurde. In diesen Dokumenten legte Athanasios das Dogma von der „Wesensgleichheit" („Homoousios") des Sohnes mit dem Vater fest. Diese von Athanasios aufgestellte Position wurde durch das Ökumenische Konzil von Nikaia 325 kanonisiert und für die christliche Welt als verpflichtend herausgebracht. Damals war Athanasios erst ein junger Kleriker und noch kein Bischof.

Athanasios kämpfte an vielen Fronten. Er stand parteilich an der Seite der unterdrückten Völker gegen die byzantinische Herrschaft, weshalb er vom oströmischen Kaiser viermal ins Exil verbannt wurde. Sein langes Pontifikat war aber durch den Widerstand gegen Häresien bei gleichzeitiger Definition des christlichen Glaubens geprägt.

Athanasios führte eine Liturgiereform durch, wodurch erstmalig der Gesang im christlichen Gottesdienst eingeführt wurde. Damit ging er auf die Bedürfnisse der Gemeinde ein, die gerne weltliche Lieder sang. Die Gläubigen konnten von da an auch außerhalb des Gottesdienstes christliche statt profane Lieder singen. Er verfasste außerdem die nach ihm benannte Athanasios-Liturgie.

Bis zum Pontifikat von Athanasios gab es noch keinen christlichen Kanon. Das Lesen von Büchern war der persönlichen Motivation der Gläubigen überlassen. Athanasios mußte feststellen, wie gern die Christen gnostische Bücher lasen, die bereits einen Kodex besaßen. Athanasios erkannte darin den Handlungsbedarf, die aus christlicher Sicht anerkannten heiligen Bücher zu bestimmen. Mit seinem Osterbrief aus dem Jahre 367 stellte er eine Liste der anerkannten heiligen Schriften auf und faßte sie zu einem Kanon zusammen. Dieser Osterbrief wurde selbst kanonisiert. Nach ihm wird die heute noch in der christlichen Welt gültige Bibel (mit 46 Schriften des Alten und 27 Schriften des Neuen Testamentes), und was zu ihr gehört und was nicht, bestimmt.
Die anerkannten Glaubensbekenntnisse stellen positiv definierte Erklärungen des Christentums dar. Sie ziehen eine Abgrenzung gegen die Gnosis. Mit der Feststellung des christlichen Dogmas wird gleichzeitig die Negation abweichender Meinungen bekundet. Zu diesen zählt das von Athanasios aufgestellte Prinzip der „Wesensgleichheit“ des Sohnes mit dem Vater. Damit war der Trennungsstrich zu den Arianern und zur Gnosis endgültig gezogen. Jesus ist präexistent, ist der Logos und ist homoousios mit dem Vater. Mit Athanasios entwickelt sich die konfessionelle Verschiebung zugunsten des Christentums gegen die Gnosis und zugunsten der Orthodoxie gegen Gnosis, Arianer und andere Häretiker.

Während im vierten Jahrhundert die polemische Theologie durch die Auseinandersetzung zwischen Christentum und Gnosis gekennzeichnet war, verschiebt sich der Akzent im fünften Jahrhundert. Da steht die Christologie, namentlich die Naturenlehre, im Mittelpunkt. Die Gnosis war aus der Öffentlichkeit zurückgezogen. Andere Häresien bestimmen den theologischen Diskurs, ohne daß die Gnosis in Vergessenheit gerät. Ein Zitat des Papstes Dioskoros von Alexandrien (Amtszeit 444-454) ist in einem Brief eines späteren Nachfolgers von ihm, nämlich bei Benjamin von Alexandrien, aufbewahrt. In dem erhaltenen Brief des Papstes Benjamin von Alexandrien aus dem Jahr 647 werden die Gnostiker nur noch unter anderen beiläufig als Glaubensgegner genannt. Gleichwohl kann man von einer relativen Stille um die Gnosis sprechen. Die gnostische Lehre bleibt im Hintergrund.

Die öffentliche Stille um sie und das Nachlassen der kirchlichen Auseinandersetzung in Sachen Gnosis dürfen nicht im Sinne von Auflösung der Gnosis gedeutet werden. Vielmehr schirmten sich die Gnostiker gut nach außen ab. Schwerpunkte der Mission wurden in Gebiete außerhalb des byzantinischen Reiches verlegt. Die Missionstätigkeit hat die Gnosis nicht eingestellt, sondern dem vorgegebenen politischen und sozialen Klima entsprechend angepaßt.

Das Zentrum in Ägypten arbeitete ab dem vierten Jahrhundert konspirativ. Die Gnostiker sorgten weiterhin für die Wahrung ihrer geistigen Identität. Sie pflegten eine ununterbrochene Kontinuität, ohne aber einen Grund für eine öffentliche Herausforderung zu liefern. Das veränderte politische Klima zwang die Gnosis dazu, neue Lebens- und Arbeitsformen zu entwickeln. Sie existierte weiterhin unter dem Schleier tolerabler Glaubensgemeinschaften, insbesondere als Geschwisterschaften. Sie vermied die Konfrontation mit Gegnern und konzentrierte sich auf den Erhalt von Mitgliedern, Lehre und Prinzipien. Sie wartete ab, bis sich die Zeiten zu ihren Gunsten ändern.

Zwei öffentliche große Renaissancen erlebt die Gnosis seit dem fünften Jahrhundert, auf die wir später zu sprechen kommen werden. Seit 1945/46 sind wir im Besitz von echt gnostischer Literatur. Mit dieser authentischen Selbstdarstellung im Kopf kehren wir zu Klemens von Alexandrien, Irenäus, Origenes von Alexandrien und den

vielen anderen orthodoxen Theologen der Alten Kirche zurück. Jetzt wundert man sich erst recht, wie relativ verläßlich sie doch bei der Präsentation des Gegners waren. Irenäus definierte die Gnosis nach ihren eigenen Worten als „vollkommene Erlösung durch Erkenntnis". Dem Wahrheitsempfinden der Kirchenväter tut es keinen Abbruch, daß sie der Gnosis ablehnend gegenüber gestanden haben. Ihnen soll man dabei einräumen, daß sie selektiv zitieren mußten. Die Gnosis war zu ihrer Zeit bestens dargestellt, sogar besser als das Christentum. Letzteres besaß noch keinen eigenen Kanon. Dieser wurde erst 367 aufgestellt. Die Leser der Gnosiskritik hatten durchaus Zugang zur Direktinformation aus erster Hand.
Somit sind die Schriften der Kirchenväter – gegen die Gnosis – nach wie vor unentbehrlich. Zum einen ist nicht alles, was die Kirchenväter über die Gnosis berichteten, aus erster Hand überliefert. Daß z.B. ein gnostischer Priester im ersten christlichen Jahrhundert als Lehrautorität gegolten hat, wissen wir nur von Klemens: Letzterer referiert den Gnostiker Theodor mit der These „Befreiung durch Erkenntnis und Wissen".
Zum anderen ist es für uns notwendig zu erfahren, wie Zeitgenossen die Gnosis verstanden haben. Zum dritten sind wir ausschließlich auf die Kirchenväter in der Frage angewiesen, wie die Alte Kirche zur Gnosis gestanden hat und welche Differenzen zwischen Christentum und Gnosis bestanden.

Wir stellen fest, daß das Interesse der Kirchenväter für die Gnosis seit der zweiten Hälfte des vierten Jahrhunderts nachläßt. Während das Christentum ab 311 toleriert, später begünstigt wurde, stand die Gnosis an oberster Stelle der verfolgten Anschauungen im Byzantinischen Reich. Sie mußte ihre öffentliche Propaganda zurückstellen und im Untergrund arbeiten. Auf der anderen Seite hatten die Kirchenväter ernstere Gegner, nämliche jene, die aus den eigenen Reihen hervorgegangen und mit abweichenden Lehren aufgetreten sind und damit die Kirche zu spalten drohten. Keines der großen Konzilien der Alten Kirche befaßte sich je mit der Gnosis, wohl aber mit christlichen Häretikern.

5. Konklusion

Die Kirchenväter stehen auf dem Boden des Neuen Testaments und grenzen sich gegen die Gnosis ab. Für sie ist die christliche Dogmatik abgeschlossen und bedarf keinerlei Neuerungen in Fragen des Glaubens. Dabei übersehen sie, wie sehr die Gnosis das Christentum beeinflußt hat. Nicht nur bei der Entstehung des Neuen Testaments, sondern auch bei der Ausgestaltung der christlichen Dogmatik durch Synoden und Konzilien sind Kernelemente der Gnosis übernommen und umgetauft worden. Allen voran stehen die Trinitätslehre und die Logoschristologie.

In einer entscheidenden Frage ahmte die Kirche nach, was die Gnosis tat. Das Urchristentum war keine Buchreligion. Jesus hat ein Evangelium weder diktiert noch in Auftrag gegeben. Die Urgemeinde und die Alte Kirche besaßen keine Bibel und wollten auch keine Schriftreligion haben. Die Lehre basierte auf der lebendigen Verkündigung und ihrer Überlieferung.

Erst die Gnosis verfaßte Bücher und bildete einen Kanon. Zu diesem Zweck wurde überhaupt das „Buch" als Technik und Kunst erfunden. Bis dahin gab es nur Schriftrollen. Die Leseröffentlichkeit begrüßte das Erscheinen von Büchern, das heißt, gnostischen Büchern. Jeder Interessierte war bestrebt, Bücher zu erwerben. Die Kirche ist sich der Gefahr gewahr geworden. Sie mußte ihren Gläubigen Ersatzbücher anbieten. So entstand langsam der christliche Kanon.

Die Gnosis war dem Christentum gegenüber aufgeschlossen. Sie forderte lediglich die Anerkennung von ihren eigenen grundsätzlichen Lehren, die für sie unabdingbar waren, darunter vor allem die Kosmologie. Hingegen erklärte das Christentum die Gnosis zum unversöhnlichen Gegner. Bei dieser Ausschließlichkeit spielte sicher die Frage des Absolutheitsanspruchs des Christentums die maßgebliche Rolle.

Zur Methode: Zur Darstellung der Gnosis haben wir einen für unsere Arbeitsweise atypischen Einstieg gewählt, nämlich eine Bewegung anhand der Fremd-, nicht der Eigendarstellung zu präsentieren. Auf diese folgt erst die Selbstdarstellung. Für dieses Vorgehen gibt es historische und aktuelle Gründe.

a) Es ist im besonderen Fall nicht unfruchtbar, mit der gegnerischen Haltung zu beginnen. Man hat Vorstellungen, die man an der Selbstdarstellung zu prüfen hat.
b) Thesen sind um so schärfer profiliert, wenn sie mit Antithesen kontrastiert werden.
c) Maßgeblich für den vorliegenden Beitrag war jedoch die real existierende Geschichtslücke.
d) Das heutige öffentliche Bild der Gnosis ist durch die Sekundärliteratur geprägt. Unser Vorgehen zeigt, wie sehr das Image der Gnosis in der Gegenwart von alters her übernommen wurde.
e) Es zeigt sich nämlich, woher die Betrachtungsansätze europäischer Autoren stammen – hier am Beispiel der Gnosis dargelegt. Die Gnosis wird gemessen, gewertet und beurteilt an ihr völlig fremden Maßstäben. Als Ausgangspunkt wird sogar ein Dokument genommen, nämlich die Bibel, das selbst nicht den Anspruch erhebt, die Gnosis zu vertreten.

Die eurozentristische Betrachtung der Gnosis kann durchaus als exemplarisch für die Behandlung anderer außereuropäischer Kulturen, Philosophien und Religionen angesehen werden. Mag sein, daß die Autoren Quellen und Primärliteratur berücksichtigen, die Interpretation bleibt jedoch im geschlossenen hermeneutischen Zirkel verfangen. Die europäische Fremddarstellung wird durch Zitate und Bezüge aus den Originalen verschleiert. Das Produkt ist Kulturrelativismus, Mystifizierung und Esoterisierung von Bewegungen, die einst der Verfolgung des Römischen Imperiums ausgesetzt waren.

Dritter Abschnitt
Quellen zur gnostischen Lehre
Gnosis nach ihrem Selbstbild und der Eigendarstellung

1. Die Naǧʿ Ḥammādī-Bibliothek (NHB)

Der Fund einer vollständigen gnostischen Bibliothek im Dezember des Jahres 1945 im oberägyptischen Naǧʿ Ḥammādī ist mit Sicherheit einer der bedeutsamsten Bücherfunde überhaupt. Es handelt sich um einundfünfzig Werke, die in Tongefäßen sorgfältig unter die Erde gebracht wurden, um uns relativ unversehrt zu erreichen. Vor diesem Fund war auch gnostische Literatur bekannt, doch nur vereinzelt, zusammenhangslos und unvollständig. In der Bibliothek von Naǧʿ Ḥammādī sind ebenfalls mehrere Werke unvollständig, daneben existieren jedoch auch vollständige Bücher.

Es war klar, daß der Fund der NHB eine neue Ära der Religions- und Literaturgeschichte einleiten mußte. Im speziellen Sinn profitierte die Gnosisforschung unermeßlich aus der Bücherentdeckung. Gleichzeitig mußten die Ursprünge des Christentums in neuem Licht gesehen werden. Die Philosophie Plotins konnte ideenhistorisch besser eingeordnet werden, da er offensichtlich unmittelbare Bezüge zur Gnosis hatte. Besonders hilfreich erweisen sich die Verbindungen zur arabischen Klassik, insbesondere zu den Qarmaṭen und Iḫwān aṣ-Ṣafāʾ. Textvergleiche zwischen der Naǧʿ Ḥammādī-Bibliothek und dem enzyklopädischen Werk Rasaʾil Iḫwān aṣ-Ṣafāʾ lassen erkennen, daß sich die Gnosis nicht einfach aufgelöst hat, sondern im Untergrund überlebte, bis die geschichtlichen Umstände es ihr erlaubten, wieder öffentlich wirken zu können, wenn auch unter einem anderen Namen.
Die Entdeckung hat eine große Geschichtslücke der philosophischen Evolution geschlossen:

1. Ein Teil der Bibliothek von Naǧʿ Ḥammādī stammt von der oder bezieht sich auf die Philosophie des Weisen Thot. Damit ist unser Wissen über diesen ersten Philosophen beträchtlich erweitert worden.
2. Die Brücke zwischen der altägyptischen Religion und dem Christentum konnte rekonstruiert werden (z.B. in bezug auf die Trinitätslehre, die Logoschristologie).
3. Die Originalität mehrerer späterer Philosophen wird relativiert.
4. Die theoretischen Ursprünge der Qarmaṭen und der Iḫwān aṣ-Ṣafāʾ wurden erschlossen. Letztere stellen eine historische und inhaltliche Kontinuität der Gnosis dar.
5. Vor allem aber muß die Tatsache betont werden, daß die Gnosis selbst eine hochgradig literarische Bewegung war.
6. Rund 600 Jahre lang – vom dritten Jahrhundert vor bis zum dritten Jahrhundert nach Christus – hat die Gnosis das öffentliche philosophische Denken geprägt.

Neben der Naǧʿ Ḥammādī-Bibliothek ist auch eine begrenzte Anzahl weiterer Werke gnostischer Autoren erhalten. Diese ergänzen unser Wissen über die Gnosis.

Lehrquellen der Gnosis

2. Eine Auswahl aus erhaltenen gnostischen Ressourcen

In der Thot'schen Philosophie lesen wir Thesen, die wir – ausgebaut und elaboriert – in der Gnosis wiederfinden. Offensichtlich ist die Gnosis organisch aus der ägyptischen Philosophie hervorgegangen. Wo die Thotsche Philosophie in der Gnosis sorgfältig präsentiert wird, ohne Bezüge zu Jesus oder zu den Evangelien zu nehmen, sprechen wir von „Thotscher Gnosis". Die Bibliothek von Nağ' Ḥammādī ist auch unter dem Aspekt bedeutsam, die Philosophie Thots zu erschließen.

3. Zweiter Logos des großen Seths[13]

Die Abhandlung „Zweiter Logos des großen Seths" gehört zu den Grundlagenschriften der Gnosis und ist ein hilfreicher Schlüssel zur Ermittlung der Kontinuität der ägyptischen Philosophie von Thot bis zur Gnosis.

1. Hermeneutik: Zunächst stellt sich das hermeneutische Problem, von wem ist die Rede in dieser Schrift? Der Name „Seth" erscheint nur im Titel der Abhandlung, sonst nirgends in der Schrift. Dafür aber befaßt sich das Dokument in grundsätzlicher Weise mit Jesus und der Erlösung. Im weiteren werden Konsequenzen für die Lehre gezogen. Von da an geht die Schrift zu einem praktischen Teil über, in dem die Lebensweise von Gnostikerinnen und Gnostikern besprochen wird.
2. Gegenstand der Abhandlung ist „Jesus", nicht Seth. Der „zweite" sei Jesus, der erste war „Seth". Von den beiden ist jeder für sich der „Logos". Der Stellenwert von Seth wird nicht angetastet, er bleibt der Erste.
3. Der gnostische Jesus: Es wird klar, daß die Gnosis eine eigene Jesusrezeption hat, die sich grundsätzlich von der christlichen unterscheidet. Die Gnosis interessiert sich für Jesus, insofern er

[13] NHL 362-376

gnostische Prinzipien bestätigt und bekräftigt. Jesus in der Gnosis ist ein gnostischer.

4. Erlösungslehre: Nach gnostischer Auffassung gemäß dieser Schrift besteht ein theologischer Zusammenhang zwischen „Kreuzigung“ und „Erlösung“.

Diese Auffassung ist höchst bemerkenswert. Es stellt sich ernsthaft die Frage nach dem Urheber der Lehre von der „Erlösung“ – Die Gnosis oder das Christentum?

„Erlösung“ ist eine spezifisch gnostische Lehre. Das Christentum machte daraus „Erlösung durch Kreuzigung“. Die Lehre vom Karfreitag hat sich im Christentum durchgesetzt, und zwar nicht relativ, sondern absolut. Das ist jedoch sekundär, nicht primär christlich. Angenommen wäre Jesus nicht gekreuzigt, sondern anerkannt und ihm gehuldigt worden, dann wäre die gesamte Inkarnation umsonst gewesen. Wäre die Kreuzigung wirklich im Heilsplan Gottes vorgesehen, dann müßten alle, die an der Verurteilung und Peinigung Jesu beteiligt waren, heilig gesprochen werden. Ohne sie wäre die Erlösung nicht möglich.

Die christliche Lehre muß also an dieser Stelle korrigiert werden. Die Erlösung ist nicht durch die Kreuzigung, sondern durch die Inkarnation eingetreten.

Die gnostische Erlösungslehre finden wir exemplarisch im „Zweiten Logos des großen Seth“ dargestellt. Von hier aus überlebte sie bis zum Auftreten Muḥammads und ist in den Qur᾽ān aufgenommen worden.

5. Nicht Jesus, sondern Simon aus der Kyrenaika (Libyen) wurde gekreuzigt (ein Motiv, das auch von Doketisten vertreten, von der Orthodoxie als Irrlehre verurteilt wurde).
6. „Erlösung als Erkenntnisvorgang“: In seinem Vortrag vor dem gnostischen Forum (als Stilmittel zur Darstellung der Erlösungslehre gewählt) betont der Autor die Grundthese der Gnosis: Erlösung durch Erkenntnis.

4. Das „Evangelium nach Thomas“

Übersicht

- Einleitung
- Formgeschichte
- Entstehung und literarische Einordnung
- Ursprache und Übersetzung
- Herkunft
- Verhältnis zur Gnosis
- Verseinteilung und -numerierung
- Das Ur-Thomas-Evangelium
- Alter und Datierung
- Die Lehre des Evangeliums nach Thomas
- Hermeneutikhinweis
- Stellenwert des Thomasevangeliums

Einleitung

Das Thomasbuch aus dem Nağʿ Ḥammādī-Fund verdient eine besondere Aufmerksamkeit. Seit seiner Entdeckung stellt es in mehrfacher Hinsicht eine Herausforderung dar. Gründe:

1. Es ist nicht kanonisch. Es gibt aber keine Gründe dafür, ihm die Kanonizität (schon aus der Sicht der Großkirche) abzuerkennen.
2. Es fordert die Revision sowohl der Sichtweise über die synoptische Tradition als auch der tragenden Thesen der bisherigen Forschung über die Entstehung der Evangelien.

Formgeschichte

Apokryphen[14] sind später entstanden als die synoptischen Evangelien. Thomas hingegen ist sehr alt. Es ist sicher älter als die schriftliche Fassung der Synoptiker.[15] Wahrscheinlich ist es das älteste geschriebene Evangelium.

---

[14] Apokryphen – auf Jesus bezogene Schriften, die von Sekten außerhalb der anerkannten Kirche geschrieben wurden

[15] Die drei ersten Evangelien von Mt, Mk & Lk. Synoptik bedeutet Zusammenschau und bezieht sich darauf, dass diese drei Bücher parallel gelesen werden können.

Es fehlen Wunderberichte. Es fehlen Einflüsse der Kindheitsevangelien, die sich Zugang in die kanonischen verschafft haben. Diese sind bekanntlich später entstandene Erzählungen über Jesus. Thomas hat davon noch nichts wissen können.
Es fällt ganz besonders auf, daß Passionsgeschichte, Kreuzigung und Sterben Jesu nicht vorkommen. Ein Evangelist, der diese Ereignisse erlebt hat, kann sie unmöglich ignorieren.
Seit der Entdeckung des Thomas-Evangeliums Ende 1945 und den ersten Kenntnisnahmen seines Inhaltes – 1946 ff. – hat es relativ zum übrigen Fund die größte Aufmerksamkeit der Forschung auf sich gelenkt. Die Literatur über Thomas ist inzwischen schier unüberschaubar geworden. In diesem Beitrag referiere ich die eigene Sicht. Diese fasse ich in Thesen zusammen:

Entstehung und literarische Einordnung

1. Man kann das Thomas-Evangelium nicht auf die Quelle Q zurückführen. Es handelt sich um eigenständige Traditionen, welche direkt aus mündlichen Überlieferungen (wird weiter unten eingeschränkt) zu Papier gebracht worden sind. Der Redakteur wußte wahrscheinlich nichts von der Existenz anderer Evangelien.
2. Der Ausdruck „Eigene Traditionen" bedeutet nicht, daß sie im Widerspruch zu den synoptischen oder johannäischen stehen. „Eigene" bezieht sich auf die Formgeschichte. Etwa die Hälfte der Sprüche bei Thomas deckt sich inhaltlich mit Parallelen der kanonischen Evangelien. Die übrige Hälfte enthält Sprüche, die keine synoptischen Parallelen haben und sich gleichwohl gut einreihen lassen in die Verkündigung Jesu. Die theologische Tendenz der Sprüche ist nicht einheitlich. Es spricht dafür, daß Thomas verschiedene Quellen hatte, die er unverändert übernahm. Hinzu kommen etliche Sprüche eigenen Charakters. Zwischen einzelnen Traditionsstücken bestehen Spannungen.
3. Das schriftliche Thomas-Evangelium ist eines der ältesten Evangelien, wahrscheinlich das älteste überhaupt. Vielleicht ist es sogar das erste Buch, das je in der Geschichte der Menschheit entstanden

ist. Andere Schriften lagen nur in Schriftrollen vor. Schriftliche Jesusüberlieferungen hat es vor Thomas nicht gegeben.

4. Der literarische Charakter des Evangeliums unterscheidet sich nicht nur von den kanonischen, sondern auch von bekannten Apokryphen. Thomas haben wir über die gnostische Bibliothek erhalten, es unterscheidet sich jedoch deutlich von anderen gnostischen Evangelien. Letztere sind Gespräche des Auferstandenen mit einem oder mehreren seiner Jünger. Bei Thomas kommen ausschließlich Sprüche, Dialoge sowie Lehrgespräche Jesu vor, die alle während seines Erdenlebens stattfinden.
5. Thomas zeigt auch keine Motive der Apokryphenliteratur. Es beschränkt sich auf Logien (Sprüche Jesu). Während diese in anderen Evangelien sehr oft mit Kommentaren versehen werden, die als Gemeindebildungen hinzugekommen sind, stehen sie bei Thomas völlig unkommentiert da; es sei denn, sie werden von Jesus selber erläutert.
   Alle oben genannten Feststellungen sprechen für ein sehr hohes Alter des Thomas-Evangeliums.
6. Da, wo Parallelen des Thomas mit Synoptikern vorkommen, erweist sich im Vergleich die Thomassche Fassung als ursprünglicher, sowohl nach Form als auch nach Inhalt.

Die Sprüche bei Thomas werden eingeleitet mit den Worten: „Jesus sagte“, „es sprach Jesu“ oder auch nur „er sprach“.

a) Die Logien werden nicht ausgeschmückt. Sie stehen ohne Wertungen oder Würdigungen im Unterschied zu anderen Evangelisten.
b) Die Sprüche werden nicht eingebettet, etwa durch eine Herausforderung von außen. Diese literarische Form der kanonischen Evangelien ist nicht unbedingt als historisch anzusehen; vielmehr handelt es sich um Gemeindebildungen oder einen Eigenbeitrag des Tradenten.

Fazit: Diese und andere Beobachtungen sprechen nicht nur für das hohe Alter des Thomas-Evangeliums, sondern auch für seine Unmit-

telbarkeit. Die Sprüche sind ungefärbt. Sie zeigen keine Hinweise auf einen Sitz im Leben der späteren Urgemeinde und ihrer Probleme, zu deren Lösung man einen passenden Jesusspruch brauchte. Während die kanonischen Evangelien eine Reihe von Trostworten enthalten, die ihren Sitz im Leben einer leidenden, verfolgten Glaubensgemeinschaft haben, zeigt Thomas keine Analogien dazu.
Der schlichte Diskurs bei Thomas spricht eher für die literarische Form eines unmittelbaren Protokolls. Die von Jesus gesprochenen Weisheiten beeindruckten als solche den Schreiber. Er nutzt sie aber nicht zu dem Zweck, die Autorität, die Messianität oder gar die Gottessohnschaft Jesu nachzuweisen, so wie die anderen Evangelisten die Logien präsentieren.

Einleitend haben wir die Meinung formuliert, daß Thomas direkt als Erstschrift aus mündlicher Überlieferung festgehalten wird. Diese Annahme darf man noch schärfer fassen. Der Ur-Thomas stammt aus der unmittelbaren Umgebung Jesu. Man soll es nicht aus grundsätzlicher Skepsis in Zweifel ziehen, wenn Thomas bei einem Teil der Logien berichtet, daß Jesus allein mit seinen Jüngern war.

Ursprache und Übersetzung
Die Ursprache des Thomasevangeliums ist mit ziemlicher Sicherheit Aramäisch (siehe nächste Seite).
Uns liegt das Thomasevangelium in koptischer Sprache saʿidischen Dialekts vor, noch enger gefaßt, es handelt sich um den achmimischen Unterdialekt (östlich des Nils) mit subachmimischen Einschlägen (auf gleicher Höhe wie Achmim, aber westlich des Nils). Die Gegend dieses Dialekts liegt unweit von Naǧʿ Ḥammādī. Zusammengenommen liegen die genannten Ortschaften bzw. Sprachgegenden südlich von Asyut. Diese Region einschließlich Asyut ist ein Bereich, der dem Zugriff des Römischen Reiches entzogen war und relative Unabhängigkeit bewahrte. Hier konnte die Gnosis ihre Hochburgen aufbauen.

Der Text des Thomas-Evangeliums ist also nicht auf Koptisch entstanden. Er ist auch nicht aus der Koine (dem sogenannten Griechisch) übersetzt worden. Vielmehr ist zu vermuten, daß die Koineausgabe des Thomas-Evangeliums aus dem Koptischen übersetzt wurden, nicht umgekehrt.
Daß es zwischen Syrien und Ägypten eine schon lange bestehende intensive Kommunikation, Austausch und Übersetzungen von der einen Sprache in die andere gegeben hat, ist bekannt. Das Thomas-Evangelium wurde sehr früh vom Aramäischen ins Koptisch-Achmimische übersetzt.
Daß das Thomas-Evangelium keine spätere Erfindung ist, belegt die Tatsache, daß es in sehr frühen Schriften als ein den Lesern bereits bekanntes Evangelium erwähnt wird, so zum Beispiel bei Origenes, Hippolyt und Euseb. Es handelte sich also auch nicht um eine „geheime", sondern um eine öffentliche Schrift. Die Bezugsstelle im Prolog des Thomas muß korrekt mit „verborgen" übersetzt werden. Der Leser soll vom äußeren Anschein der Verse bis zu dem unsichtbaren Sinn des Inhalts vordringen. Das darf wiederum nicht im Sinne eines Geheimkodes verstanden werden, sondern ist als eine Mahnung zu betrachten: Nicht oberflächlich, nicht diagonal rasch das Buch zu lesen, sondern sich nachdenklich, meditierend in die Inhalte vertiefen.

Der oder die Übersetzer des Thomas haben Wert darauf gelegt, sich eng an das Original zu halten. Als Folge sind Aramäismen in die koptische Fassung übergegangen.

Herkunft

Mit vorstehenden Thesen im Kopf stellen wir uns die Frage nach der Herkunft des Thomas-Evangeliums. Seine ursprüngliche Fassung ist ziemlich sicher auf Aramäisch gewesen. Dafür sprechen eine Reihe immanenter Hinweise:

a) Aramäische und arabische Einflüsse sind in der koptischen Übersetzung erkennbar.

b) Jesus wird stets in der Weise zitiert als „Jesus, der Lebendige“, die von alters her als Titulatur im alt-syrischen Sprachraum feststand (so auch in der Pschita).
c) Die Namensform des Thomas selbst als „Didymos Judas Thomas“ war zunächst nur im syrischen Raum bekannt.

Die aramäischsprachige Entstehung des Thomasevangeliums darf als ziemlich sicher angenommen werden.

Die Erstschrift ist also auf Aramäisch entstanden. Die Logien Jesu brauchten nicht übersetzt zu werden. Von dieser Fassung sind sie ins Koptische übersetzt worden. Dafür spricht auch die Tatsache, daß die Verbreitung des Thomas sich lange auf das aramäische, dann auf das koptische Sprachgebiet beschränkte.

Nun liegt uns ein Evangelium ohne Angabe eines authentischen Verfassers vor. Aus Form und Inhalt läßt sich eine Vorstellung von der Entstehung des Thomasevangeliums ableiten. Der Gattung nach handelt es sich um eine Sammlung von Sprüchen Jesu. Diese wurden in der Muttersprache des Messias, also aus erster Hand, festgehalten und aufgezeichnet.

Der Stoff des Thomas ist weitgehend einheitlich. Deshalb fallen einige Devianzen besonders auf. Es sind wenige Sprüche, die aus dem Rahmen fallen. Wenn man sie isoliert, erkennt man in Thomas klare, profilierte Linien. Diese Harmonie der Lehre wird durch einige Verse gestört, die mit dem Stamm nicht konform gehen. Der in Thomas vorherrschende Diskurs wird durch diese Zusätze empfindlich gestört.

Dieser Zustand läßt einen einzigen Schluß zu: Abschreiber haben im Verlauf der Zeit verstreute Agrapha hinzugenommen.[16] Wir müssen deshalb zwischen einem „Ur-Thomas“ und einem „erweiterten Thomas“, der uns vorliegt, unterscheiden. Dieses Prinzip gilt übrigens auch für die kanonischen Evangelien, insbesondere für Matthäus.[17]

---

[16] Agrapha, sind ungeschriebene (= Agrapha) Sprüche Jesu, die neben dem Neuen Testament mündlich kursierten. Spätere Abschreiber bedienten sich an diesen Agrapha und bereicherten ihre Ausgabe um einige Zusätze. So wuchs die ursprüngliche Fassung stetig zur erweiterten Neuauflage an.

[17] Dazu meine Analyse in: „Jesus und die Ursprünge des Christentums“, Hamburg 2001.

Thomas minus gewisse Agrapha erweist sich als einheitlich und harmonisch. Die Hauptlinien in Thomas laufen zusammen.

Unter Berücksichtigung dieser Tatsache bleibt das Thomasevangelium in sich geschlossen. Folglich sind Überlegungen über die Entstehung möglich: Das Evangelium nach Thomas geht auf einen Gewährsmann zurück, der den Hauptstock geliefert hat. Dieser stand in großer räumlicher und zeitlicher Nähe zu Jesus.

Verhältnis zur Gnosis

Die Spruchsammlung des Thomas in der vorliegenden Form begründet schon das Interesse der Gnostiker an diesem Evangelium. Man soll sich jedoch davor hüten, ihnen leichtfertig falsifizierende Eingriffe zu unterstellen; wohl aber haben sie dem Thomas einen gnostifizierenden Anstrich hinzugegeben. Es sei betont, daß das gnostische Interesse an der Redaktion sich auf die Auswahl der Sprüche und Aufnahme einiger Agrapha beschränkt. Die gnostischen Tradenten des Evangeliums haben sich davor gehütet, in die bestehenden Logien einzugreifen. Auf keinen Fall darf man den ursprünglichen Charakter des Ur-Thomas in Zweifel ziehen. Der Beweis dafür ist die völlige Übereinstimmung zwischen Thomaslogien und den unabhängig davon bei den Synoptikern erhaltenen Überlieferungen. Der Teil, der keine Parallelen bei den Synoptikern hat, deckt sich mehrheitlich mit der uns als authentisch vertrauten Jesustheologie.

Die im vorliegenden Thomas erkennbaren gnostischen Tendenzen sind auf folgende Art und Weise entstanden:

a) Auswahl von Sprüchen Jesu, die bis zum Fund von Nağ' Ḥammādī (NHB) unverändert stehengeblieben sind. Diese erheben einen hohen Anspruch auf Authentizität.
b) Die Dolmetscher ins Koptische bemühten sich optimal um eine getreue Übersetzung. Dabei ist es unvermeidbar, daß geprägte Formulierungen und geflügelte Redewendungen an entsprechende

Stellen einfließen. Diese rühren sowohl aus dem kanonischen als auch aus dem gnostischen Sprachgebrauch her.

c) Während der schriftlichen Überlieferung und des wiederholten Abschreibens könnten gewisse Modifikationen in die authentischen Worte Jesu und in den Ur-Thomastext eingeflossen sein.

Indes überwiegt in der vorliegenden Fassung der Originalcharakter. Das Thomasevangelium steht dem historischen Diskurs Jesu viel näher als die Synoptiker oder gar Johannes.
Widersprüche zum neutestamentlichen Jesusbild – das ja für sich genommen nicht einheitlich ist – bestehen bei Thomas nicht.
Man kann also von einer gnostischen Auswahl von Jesuslogien ausgehen. Diese betonen das existentielle Verständnis der Verkündigung Jesu. Das zeigt sich am deutlichsten in den Logien vom „Reich": Wäre es in den Wolken, so wären euch die Vögel voraus. Läge es in der Tiefe des Ozeans, so wären die Fische lange vor euch dort. Also suchet es in euch selbst!

Verseinteilung und -numerierung

Wie andere Evangelien waren auch bei Thomas die Logien weder numeriert noch in einzelne Verse eingeteilt. Die Verseinteilung ist das Verdienst von Yassah ʿAbd-al-Massīḥ und seinen Ko-Editoren der Editio princeps. Mit der Verseinteilung kam die Numerierung. Die von Professor Yassah cAbd al-Masih und seinen Kollegen getroffene Einteilung des Thomas-Evangeliums in Verse hat sich in der von den Ersteditoren gewählten Struktur bewährt und seitdem in der Forschung durchgesetzt.

Diese Einteilung erwies sich als eine große Hilfe auch in bezug auf die Textanalyse und Literarkritik des Überlieferungsstoffs. Die inhaltliche und rhetorische Unterschiedlichkeit der einzelnen Verse kommt dadurch deutlicher zum Vorschein und kann umso ausgewogener nach Authentizitätsgrad beurteilt werden.

Der Ur-Thomas

Der im jetzigen Thomas-Evangelium enthaltene Ur-Thomas darf einen hohen Anspruch auf Ursprünglichkeit stellen. Apokryphe Verse sind in der Minderheit und deutlich als fremd erkennbar. Beispielhaft sei Vers 114 genannt. Er kann weder auf Jesus noch auf die Gnosis zurückgeführt werden. Als letzten Vers hat man ihn unauffällig an den Schluß gehängt. Er hebt sich negativ gegen den gesamten Diskurs des Thomasevangeliums ab.
Indirekt spricht diese Tatsache auch dafür, daß man sich davor gehütet hat, in den Text einzugreifen, was aber während der Überlieferung nicht ausgeschlossen bleiben konnte.
Tatsächlich lassen sich in Thomas gewisse Manipulationen erkennen, die sich jedoch in Grenzen halten. Wir besitzen einen Thomas aus gnostischer Tradition mit gewisser gnostischer Intervention, die isolierbar ist.

Alter und Datierung

Bei der Datierung von undatierten Handschriften sucht man nach Hinweisen auf Ereignisse, die man durch eine absolute Chronologie datieren kann. Einen solchen Glücksfall finden wir bei Thomas nicht. Außer den Jüngern selbst sind keine historischen Persönlichkeiten genannt. Die Aussagen Jesu sind zeitlos.
Zur annähernden Datierung des Thomasevangeliums wenden wir die Negationsmethode an. Wir recherchieren nach Ereignissen, die bei Thomas fehlen, die der Autor jedoch nicht hätte ignorieren können, wenn er sie erlebt hätte.

Erst im letzten Drittel des ersten Jahrhunderts entwickelt sich die neue Literaturgattung „Evangelium“. Verschiedene Motive führen zur Entstehung der christlichen Evangelien: Die Zerstörung Jerusalems mit dem Zentralheiligtum, die Parusieverzögerung, die Vielfalt von Neuerungen, die sich alle auf die Lehre Jesu Christi berufen. Ein Handlungsbedarf wurde erkannt und eingelöst: Die wirkliche Geschichte und die authentischen Lehren des Messias festzuhalten.

Das taten die Autoren der kanonischen Evangelien. Das taten aber auch die Verfasser von Apokryphen.
Es bilden sich Muster, denen eine Evangeliumschrift folgt: Eine Wundergeschichte wird zum Anlaß genommen, spezifische Lehren zu vertreten. Jesus wird zu einer theologischen Debatte herausgefordert, wo die Charakteristika seiner Lehre herausgestellt werden. Die Erkenntnisziele des jeweiligen Evangeliums, die Absichten der Interessengruppe, die hinter der Redaktion steckt, werden aufbereitet, Jesus in den Mund gelegt und in der Verkündigung vermittelt. Bald entwickelte sich ein Modell des Lebens Jesu. Himmlische Scharen kündigen seine Geburt an. Könige, die von weither kommen und Hirten vor der Haustür huldigen dem Kind von Bethlehem und bezeugen ihm ihre Ehrerbietung. Nach einer wenige Jahre andauernden Missionstätigkeit verabschiedet sich der Menschensohn von seinen Jüngern. Die kurze Leidensgeschichte Jesu beginnt mit der Passion und endet mit der Kreuzigung. Dann folgt der große Sieg über Tod und Hölle durch die Auferstehung.
Diese Motive prägen die feste Struktur eines jeden Evangeliums – ob kanonisch oder apokryph. Sicher unterscheiden sich die einzelnen Autoren in bezug auf die Selektion von Ereignissen, doch die Passionswoche mit Abendmahl und Kreuzigung darf auf keinen Fall fehlen.

Auch Thomas bei allem Interesse für das Wort schlechthin hätte nie die dramatischsten Tage des Lebens Jesu und die dabei gesprochenen Worte ignorieren können.
Es fehlt aber nicht nur das Mahl am Abend vor der Kreuzigung, sondern überhaupt der entscheidende Abschnitt aus dem Leben Jesu, der, seitdem er stattgefunden hat, schon immer den Kern eines Evangeliums ausmacht: Die Passionswoche, die Abschiedsreden, das Vermächtnis Jesu an seine Jünger und nicht zuletzt seine letzten Worte am Kreuz. Der Redakteur des Thomasevangeliums, hätte er diese Ereignisse erlebt, hätte er sie kaum ignorieren und unerwähnt lassen können.

Thomas hat von alldem nichts registriert. Der Autor hat von der Evangelienliteratur überhaupt nichts zur Kenntnis genommen. Es ist nicht vorstellbar, daß der Verfasser des Thomasevangeliums ein Buch über Jesus schreibt und bewußt den Trend ignoriert, sich dazu nicht äußert – weder mit Gutem noch mit Schlechtem (denke an den Prolog des Lukas!). Weder Jesus, die Hauptperson des Evangeliums, noch sein Autor Thomas wußten offensichtlich von dem, was bald die Menschheit zweitausend Jahre lang beschäftigt: Kreuz und Auferstehung.

Bei Thomas handelt es sich ausschließlich um Logien. Anzeichen auf eine ungewöhnliche Person, die Massenspeisungen aus wenigen Broten, unwahrscheinliche Heilungen und Totenerweckung durch Jesu kommen nirgends vor. Das spricht für das hohe Alter des Evangeliums nach Thomas. Jesus legitimiert sich nur als Lehrer und durch seine Weisheit.

Die Tatsache, daß die Merkmale späterer Evangelienredaktion, sonderbare Handlungen mit der dazugehörigen Lust am Fabulieren, wunderbare Taten Jesu, die sich gegenseitig an wirkungsvollem Eindruck überbieten, die apokalyptischen Weissagungen und überhaupt das Echo der Konfrontation der Gemeinde mit einer ihr feindlichen Umwelt bei Thomas fehlen, läßt sich nicht anders erklären als dadurch, daß der Verfasser nicht unter dem Zwang gestanden hat, Jesus durch die besondere Singularität seiner Person zu legitimieren. Der Redakteur des Thomas hat die Sprüche gehört. Sie haben ihn tief beeindruckt, und deshalb notiert er sie, vielleicht sogar unmittelbar, wie wir selber es getan hätten.

Daß die Stiftung des Abendmahls und die Einsetzungsworte fehlen, könnte sich so erklären lassen, daß Thomas nicht aus dem Zwölferkreis stammt, naheliegender aber, daß die Redaktion der Worte Jesu noch vor der Passionswoche abgeschlossen war, denn es fehlen überhaupt der Einzug in Jerusalem, das Passahfest und die Kreuzigung.

Daß ein Buch mit dem Anspruch, Evangelium zu sein, von einer Gemeinschaft außerhalb der Großkirche ohne die charakteristischen Merkmale eines kanonischen Evangeliums vorgelegt wird, spricht nicht gegen die Echtheit der Schrift, sondern liefert geradezu den Beweis für die Integrität und Unbescholtenheit der Urheber und Tradenten dieser Überlieferung.

Zum Neuen Testament zählt die „Parusie[18]“ als charakteristisches Motiv. Sie drückt die Einstellung der Jünger aus, daß nach der Kreuzigung Jesu das Ende der Welt unmittelbar bevorsteht.
Die Tatsache, daß die Naherwartung bei Thomas nicht im Vordergrund steht, hätte für sich allein keine Rückschlüsse auf eine nähere Datierung zugelassen. Aber in Verbindung mit anderen Argumenten, daß nämlich der Ur-Thomas vor der Passion Jesu und vor der christenfeindlichen Wende entstanden ist, ist der Hinweis auf das Fehlen der Parusie nicht unerheblich.

Beim Evangelium nach Thomas fehlen die aufeinanderfolgenden Schichten, die sich an Gleichnisse, Parabeln oder Logien anschließen. Es fehlt auch die Integrierung der Sprüche in eine konkrete historische Situation, den „Sitz im Leben“ der Gemeinde. Bei Thomas werden weder Kommentare noch Anpassungsversuche an veränderte Realitäten noch Einflüsse von Interessengruppen wie Klerus oder Kirchenvorstände in den Text eingebracht. Seine Verlautbarungen sind unmittelbar, protokollartig notiert, autochthon.
Nicht kritisch reflektiert wird die in der Forschung verbreitete Annahme, daß Jesus einfache Anhänger gefolgt sind, welche des Lesens und Schreibens unkundig waren. Das trifft sicher auf einen Teil zu, andere hatten schon beruflich über ein gutes schriftliches Ausdrucksvermögen verfügen müssen, z.B. ein ehemaliger Zöllner. Gegen die Annahme, daß der Redakteur des Ur-Thomas einer aus dem engeren Nachfolgerkreis gewesen sein könnte, spricht eigentlich nichts. Die Beweislast liegt bei demjenigen, der den von der Schrift selbst gestellten Anspruch negiert.

---

[18] Parusie – abgeschlossener Text mit Jesusbezug; verfasst von Sekten außerhalb der Kirche.

Bei Thomas fehlen selbst die Titulaturen, die Jesu zu Ehren relativ früh in nachösterlicher Zeit zugelegt wurden. Er ist nicht einmal der Messias und nur einmal der Menschensohn.[19] Dieses eine Mal stammt vermutlich nicht aus dem Ur-Thomas. Der Jesus des Thomas ist schlicht Jesus. Zu Lebzeiten war Jesus einfach als Rabbi angeredet. Die zahlreichen Titel, die als Attribute seinem Namen beigesetzt werden, sind erst posthum entstanden.

All diese Auffälligkeiten lassen nur einen einzigen Schluß zu: Das Thomasevangelium muß vor dieser Entwicklung geschrieben worden sein.
Daß die typischen Motive eines Evangeliums nicht teilweise, sondern vollständig ausbleiben, ist für die Datierungsfrage sehr erheblich. Thomas wurde ganz gewiß geschrieben, bevor Ereignisse eingetreten sind, die auf Dauer die anschließende Evangelienliteratur prägen werden. Der Urthomas existierte, wahrscheinlich sogar in schriftlicher Form, vor dem Aufblühen der nach Schema fest strukturierten Evangelien. Es ist auszuschließen, daß ein Redakteur diese Strukturen bewußt übergeht, ohne dabei seine eigenen Motive zu erläutern. Die auffällige Abwesenheit von der Passionsgeschichte, insbesondere der letzten Worte Jesu, läßt sich eigentlich nicht anders erklären als dadurch, daß die Urfassung des Thomas vor der Kreuzigung stattgefunden hat.

In den kanonischen Evangelien wird auf die Zerstörung des Tempels in Form einer Prophezeiung Jesu Bezug genommen. Eine analoge Weissagung oder eine andersgeartete Andeutung kommen bei Thomas nicht vor. Die Invasion und die Plünderung Jerusalems durch die Römer waren ein solchermaßen erschütterndes Ereignis, daß es nie hätte ausbleiben können, wäre Thomas nach dem Jahr 66 geschrieben worden.
Das politische Ambiente, auf dessen Hintergrund Thomas verfaßt worden ist, ist vielmehr beherrscht von der Friedenseuphorie, in der

[19] Der „Menschensohn“ kommt im Thomas nur ein einziges Mal vor: Vers 86; eine Variante zu Mt 8,20 und Lk 9,58.

Jesus selbst gelebt und gewirkt hat. Das Evangelium nach Thomas kann demnach nur im mittleren Drittel des ersten Jahrhunderts geschrieben worden sein.

Ob nun der Schreiber des Thomasevangeliums selbst die Worte Jesu vernommen und aufgezeichnet hat oder dieses nach einem Zeugen oder Tradenten tat, macht in der Konsequenz keinen großen Unterschied. Wichtig ist, daß die im Thomasevangelium protokollierten Logien, Parabeln, Weisheiten und Orientierungen aus großer zeitlicher Nähe stammen und direkt oder mittelbar auf einen oder einige Gefährten Jesu zurückgehen.
Dabei stellen wir spätere, eigentlich erkennbare und isolierbare Interventionen in Rechnung und ziehen sie aus dem Traditionsgut ab. Aber diese Zusätze hielten sich in Grenzen. Man war darauf bedacht, den Thomas in seiner Ursprünglichkeit zu wahren. Auch die späteren Abschreiber, die bestimmt vertraute Motive eines Evangeliums vermißten – z.B. einen Hinweis auf die Zerstörung der Hauptstadt Palästinas und des Zentralheiligtums – hüteten sich vor einer Revision des Thomas.

Die Lehre des Evangeliums nach Thomas
Es ist kein Zufall, daß der Abschnitt „Lehre" erst nach dem Abschnitt „Alter und Datierung" eingeordnet wird. Was wir über das hohe Alter des Thomas gefunden haben, wird durch die Lehre Jesu nach diesem Evangelium bestätigt. Es enthält die älteste Überlieferungsschichte der Worte Jesu. Während die kanonischen Evangelien durch Gemeindebildungen geprägt sind, finden sich bei Thomas genuine, authentische Jesusworte.
Auch in bezug auf die Theologie des Thomas bewährt sich optimal die Negativmethode: Was es alles bei Thomas nicht gibt, was hingegen für andere Evangelien bestimmend ist. Zunächst fällt das Fehlen der Parusie auf. Apokalyptische Schilderungen kommen nicht vor. Ego-eimi-Worte („Ich bin der (...)", welche in den kanonischen Evangelien, besonders bei Johannes, zur Manifestation der

Göttlichkeit und Sendung Jesu stehen, sind bei Thomas existentiell ausgerichtet. Es fehlen die Leidensweissagungen. Es fehlt die Selbstbezeichnung als „Menschensohn“, die sich erst in der Gemeindetheologie herausgebildet hat.

Was von der Theologie gesagt wird, gilt auch für die Christologie. Bei Thomas findet sich keine ausgesprochene Christologie, wie sie vom Neuen Testament begründet wird. Die Heilsbedeutung Jesu liegt in seiner Verkündigung. Soteriologie fehlt bei Thomas vollständig. Das Drehbuch der neutestamentlichen vier Evangelien inszeniert Streitgespräche, die zum Anlaß genommen werden, eine Grundsatzfrage zu klären, z.B. über den Sabbat, die Gültigkeit der Mosaischen Gesetze, die Bestrafung einer Ehebrecherin. Bei anderen Fragen ist eine ideale Konstellation der Auslöser: Ein unheilbar kranker Mensch, ein Blindgeborener oder gar ein Todesfall. Diese motivieren lehrhafte Dialoge. Solche Inszenierungen hat Thomas nicht nötig. Bei ihm finden sich Schulgespräche. Nur ein einziges Mal wird die Frage eines nicht namentlich genannten Außenstehenden berichtet, zu dem sich Jesus äußert. Sonst handelt es sich um Dialoge mit seinen Jüngern. In einigen Fällen eröffnet Jesus das Gespräch. In anderen dient die Frage eines Jüngers dazu, daß sich Jesus äußert – abstrakt oder durch ein Gleichnis (auch dadurch ist die Annahme begründet, daß es sich beim Ur-Thomas um die Aufzeichnungen eines Schreibkundigen aus dem inneren Kreis handelt).[20]

Die Bedeutung des Thomasevangeliums für die gnostische Lehre

Entscheidend sind die existentiellen Darlegungen bei Thomas. Die Synoptiker und Johannes präsentieren die „Gottesherrschaft“ als etwas Kommendes und stellen diesen Aspekt in den Mittelpunkt der Verkündigung Jesu. Das Fehlen dieses Motivs überrascht bei Thomas, nicht aber für die Gnosis. Thomas, das heißt Jesus, spricht schon vom „Reich“, „Reich des Vaters“ oder „des Himmels“, aber

[20] Dem kanonischen Matthäus ist mit Sicherheit ein Urmatthäus vorausgegangen: Dazu meine Analyse und mein Quellenfund in: „Jesus und die Ursprünge des Christentums“. Auch im Urmatthäus finden Gespräche im geschlossenen Jüngerkreis statt, die in den kanonischen als öffentliche berichtet werden.

als etwas Reales. Es ist klar, daß Thomas damit bei den Gnostikern offene Türen einrennt. In den kanonischen Evangelien aber ist das Reich Gottes betont zukünftig.

Thomas ist in höchstem Maße ein existentielles Evangelium. Jesus bei Thomas stellt das „Hier“ und „Jetzt“ des Reiches Gottes als grundsätzliche Proklamation und Ausgang seiner Verkündigung hin. Er greift energisch und prinzipiell ein, um ein Umdenken bei den Jüngern herbeizuführen. Daher wiederholen sich Logien, die eine solche Umorientierung bewirken sollen. In aller Klarheit legt Jesus den existentiellen Ansatz seiner Verkündigung fest, wenn seine Jünger anfangen, gedanklich zu schweben.
Wenn immer der Blick der Hörerschaft hinflüchtet
von der Gegenwart in die Zukunft,
vom Nahen in die Ferne,
vom Realen in die Vorstellung oder
vom Zeitlichen in die Ewigkeit,
bringt Jesus sie wieder auf den Boden der Realität und der Gegenwart zurück.

„Die Jünger sagten zu Jesus: ‚Sage uns, wie unser Ende sein wird’.
Jesus sprach:
‚Habt ihr denn schon den Anfang gefunden, daß ihr nach dem Ende fragt? Denn dort, wo der Anfang ist, da wird auch das Ende sein. Selig ist, wer am Anfang steht und das Ende erkennt und er wird den Tod nicht kosten’.“[21]
Die Auferstehung wird präsentisch gedeutet.

Gerade am Begriff „Reich“ erkennt man bei Thomas die „reale Utopie“. Das Reich wird von der Zukunft in die Gegenwart herbeigeholt. Die Betonung wird bewußt auf das Hier und das Jetzt gelegt:
„Es sagten zu ihm seine Jünger: ‚Wann wird das Reich kommen?’ Er antwortete: ‚Es wird nicht kommen. (Vergeblich ist die) Erwartung. Es wird nie heißen: Siehe! Sieh hier! Oder sieh da!

[21] Thomasevangelium, Spruch 18f.

Das Reich des Vaters ist über der Erde ausgebreitet. Die Menschen sehen es nicht'."[22]

Thomas hat die Gegenwärtigkeit des Reichs stark radikalisiert: „Hier und jetzt oder nie". Die reale Utopie soll unmittelbar herbeigeholt werden.

Was ist gnostisch an der Lehre des Thomasevangeliums? Meist tendenziell, gelegentlich ausgesprochen, betont Thomas die Bedeutung der Erkenntnis und Selbsterkenntnis als den Weg zum Heil. Die Utopie ist gegenwärtig und real, hier und jetzt. „Das Reich finden" heißt „den Vater erkennen", gleichbedeutend mit „sich selbst finden" (Vers 44ff.).

Hermeneutikhinweis

Das Thomasevangelium ist die älteste, mir bekannte Quelle mit dem Ausdruck „Hermeneutik". Bereits einleitend wird der Hermeneutikbegriff in der Bedeutung verwendet, die sich durchgesetzt hat, eben als „Verstehen".

Der Prolog des Thomas-Evangeliums mag von der Redaktion oder, noch wahrscheinlicher, von den Übersetzern ins Koptische stammen. Der Leser wird in einer kurzen Einleitung darauf aufmerksam gemacht, die verborgene Bedeutung der Worte Jesu zu erforschen, zu entdecken und zu erschließen. Die festgefahrene Übersetzung von „geheimen Worten" Jesu ist irreführend und stammt aus dem Esoterisierungsvorurteil gegenüber der Gnosis.

Stellenwert des Thomasevangeliums

Entscheidend ist das Ergebnis, daß die gnostische Rezeption des Thomasevangeliums die Annahme der Lehre Jesu bedeutet und daß sie für gnostisch kompatibel befunden wurde. Die Gnosis wollte Jesus nicht nur wegen seiner Bedeutung für sich in Anspruch nehmen, sondern weil sie ihn auch für den wahren Gnostiker gehalten hat und sich mit ihm identifizieren konnte. Thomas ist ja keine gnostische

[22] Aus dem Epilog des Thomas, in Verbindung mit Vers 3 und 51.

Fälschung, sondern ein Urevangelium, das eine zusätzliche gnostische Betonung erfahren hat.

Vorstehende Thesen schließen die Möglichkeit nicht aus, daß das gnostische Erkenntnisinteresse stellenweise Einfluß auf die Endredaktion hatte. Auf jeden Fall geschah dies durch vorsichtige Zusätze und nicht durch Eingriff in die Verlautbarungen Jesu. Eine weitergehende Manipulation der Schrift hat nicht stattgefunden. Wir lesen bei Thomas:

„Wenn ihr das Ziel erreichen werdet, euch selbst zu erkennen,
so werdet ihr erkannt werden und ihr werdet euch vergegenwärtigen,
daß ihr die Söhne des lebendigen Vaters seid.
Erkennt ihr euch jedoch nicht,
dann werdet ihr armselig bleiben und die Armut selbst sein“.[23]

Seit meiner ersten Lesung des Thomasevangeliums stelle ich mir ernsthaft die Frage: Was spricht eigentlich dagegen, daß es bereits zur Zeit des Messias aufgezeichnet worden ist? In der Forschung hat sich die These durchgesetzt, daß zwischen Jesusworten und ihrer Niederschrift eine bei den einzelnen Evangelien unterschiedlich lange mündliche Überlieferungszeit besteht. Diese These trifft auf die vier kanonischen Evangelien zu, aber nicht auf den Ur-Thomas. Im Thomas-Evangelium ist Jesus am wenigstens stilisiert und mystifiziert. Bei Thomas setzt Jesus allein das Wort als Mittel der Verkündigung ein. Er tritt auf als ein Lehrer mit recht originellen Ansichten, die herausfordern, doch sofort einsichtig werden und widerspruchslos Akzeptanz erfahren – damals wie heute. Gedeckt und verifiziert wird seine Lehre durch seine eigene Lebensweise und sein Verhalten. Das ist – nach Thomas – das einzige Wunder, das Jesus vollbracht hat.

Die Gnosis fand Gefallen am Thomasevangelium und rezipierte es. Aber sie hat den Jesus in diesem Evangelium so belassen, wie ihn

[23] Übersetzungsvarianten finden sich in: NHC, II, 2, 33, 1-5; CGL, Nag Hammadi, II, 2-7; Bentley Layton (Ed.), Vol. 1, Leiden, New York, Kobenhaven, Köln 1989, 54.

Thomas präsentiert – ohne Kosmologie. Gäbe es eine gnostische Manipulation im Thomasevangelium, so wäre es für die Gnosis nichts Einfacheres, als ihre Kosmologie einzuschleusen (analog dem Evangelium der Wahrheit). Bei Thomas begegnet uns wohl ein Erkenntnisjesus. Er ist der wahre Gnostiker.

Fazit: Wir fassen die Ereignisse unserer Untersuchung des Thomasevangeliums zusammen:
1. Thomas ist das authentischste aller uns erreichten Evangelien.
2. Die Sprüche im Thomas kommen den ursprünglichen Worten Jesu am nächsten.
3. Thomas ist nicht gnostischer als das kanonische Johannesevangelium.
4. Der gnostische Einfluß auf die Redaktion hielt sich in engen Grenzen. Dies geschah in Form von Zusätzen, ohne Eingriffe in die Originallogien.

Das gnostische Interesse an Jesus ist die reine Erkenntnis, die er vertritt, und die Selbsterkenntnis als Weg zum Heil. Auch heute noch ist das Thomasevangelium nicht weniger aktuell als damals.

5. Das Philippusevangelium

In der Naǧʿ Ḥammādī-Bibliothek wurde das Philippusevangelium nächst zu Thomas und im selben Kodex gefunden. Offenbar wurde eine inhaltliche Beziehung zwischen den beiden Schriften gesehen. Das sei dahingestellt.

Während Thomas uns in die unmittelbare Nähe der Jesuverkündigung führt, stellt sich bei Philippus die Authentizitätsfrage, nicht in bezug aufs Ganze, sondern auf einen Teil der Überlieferung. Bei Philippus tritt der gnostische und gnostifizierende Einfluß deutlicher in Erscheinung. Das heißt, in dem Maße wie Philippus sich von den authentischen Worten Jesu entfernt, rückt er umso näher zur Gnosis hin. Mag sein, daß die Zusammenlegung von Thomas und Philippus den Sinn hat, ersteres durch letzteres im gnostischen Sinne zu ergänzen.

Bei Philippus imponieren drei Frauengestalten, unter denen Maria Magdalena die bedeutsamste ist. Darin unterscheidet sich die Gnosis deutlich von der christlichen Überlieferung. Aus den kanonischen Evangelien wissen wir, daß Jesus nicht nur einen Jünger-, sondern auch einen Jüngerinnenkreis hatte. Sein Verhalten in bezug auf Frauen war völlig unbefangen und unproblematisch. Darin folgten ihm seine Jüngerinnen und Jünger. Erst später, aber noch in der Alten Kirche, hat sich die Unbefangenheit stark relativiert. Jedenfalls behält die Frau in der Gnosis ihre Ehrenstellung. In der Gnosis allgemein genießt Maria als Trägerin von Traditionsgut, das unmittelbar auf Jesus zurückgeht, hohes Ansehen. Es fällt aber auf, daß das Primat nicht bei Maria, der Mutter Jesu, sondern bei Maria Magdalena liegt.

Im Philippusevangelium tritt die gnostische Lehre offensiver in Erscheinung. Sowohl auf die Erkenntnistheorie als auch die Ethik wird besondere Betonung gelegt. Loslösung von den Fesseln des Fleisches und Unabhängigkeit von materiellen Reizen werden empfohlen. Wer sich körperlichen Begierden beugt, läßt sich von ihnen versklaven. Nicht biologisch, sondern durch seine Erkenntnisfähigkeit unterscheidet sich der Mensch vom Tier. Erkenntnisgewinn

hebt den Menschen gegen das Tierreich ab. „In der Welt gibt es viele Tiere in Menschengestalt.“[24] Das Wissen ist Befreiung, Erkenntnis bringt das Heil.
Praktische Theologie und gesellschaftliche Verantwortung werden bei Philippus hervorgehoben. Auch die Sozialkritik kommt nicht zu kurz. Philippus prangert die Klassenspaltung und die Ausbeutung an: „Im Himmelreich kehren sich die Verhältnisse um. In dieser Welt dienen die Sklaven den Herren. Im Reich des Himmels werden die Herren den Sklaven dienen.“[25]

6. Evangelium nach Maria Magdalena

Der Fund eines Evangeliums nach Maria Magdalena im Fund von Naǧʿ Ḥammādī (unter bis heute ungeklärten Umständen gelangte das Magdalenaevangelium nach Berlin, wo es sich dort noch immer als sogenannter „Preußischer Kulturbesitz“ befindet; rechtmäßiger Standort ist das Koptische Museum in Kairo) hat Überraschungen ausgelöst. Die Magdalena-Tradition hat eine interessante Entwicklung zurückgelegt. Zur Jesus-, zur apostolischen und zur urchristlichen Zeit stand Magdalena in hohen Ehren. Heute wird sie inzwischen von allen Kirchen als Heilige anerkannt, jedoch nicht in gleichem Maße wie im ersten christlichen Jahrhundert, nämlich als die Person, die Jesu am nächsten stand. Entsprechend ist das Schicksal des ihr gewidmeten Evangeliums. Seine Existenz in der Alten Kirche und bei der Gnosis verhält sich direkt umgekehrt zum gegenwärtigen Stand. Einst galt das Magdalenaevangelium weit selbstverständlicher als jede andere Schrift. Maria Magdalena war seit dem frühen Wirken Jesu Trägerin seiner Botschaft, die sie aus erster Hand empfangen hat. Auch in anderen Schriften der Gnosis steht Maria in hohem Ansehen. Besonders genannt sei „Pistis Sophia“. Auch die kanonischen Evangelien halten Maria Magdalena in Ehren. Sie wird viel häufiger als jede andere Frau erwähnt.
Der Einfluß des Mönchtums und der Askese verdrängte allmählich Maria aus der Quellenpriorität, ohne daß sie deshalb ihren Platz im

[24] NHL, 156.
[25] Evangelium nach Philippus, NHC, II, 3, 72, 19-20; CGL, 186.

Heiligenkalender aufgeben müßte. In meinem Buch „Jesus und die Ursprünge des Christentums“ habe ich zur überlieferungsgeschichtlichen Stellung Maria Magdalenas und zu ihrer Bedeutung als Traditionsträgerin detaillierte Überlegungen angestellt. Im Zusammenhang der Gnosis sei noch folgendes ergänzend vorgetragen:
Wir halten vorab fest, daß in der Gnosis die Frau allgemein eine beachtenswerte Anerkennung genoß. Sie stand in Ehren und war in allem gleichberechtigt. Im Literaturverständnis der Gnostiker war es völlig selbstverständlich, wenn frauenbetonte Titel in ihrem Katalog stehen.
Maria Magdalena hebt sich unter allen Menschen durch eine besondere Verehrung hervor. Seit ihrem ersten Erscheinen im Leben Jesu stand sie eng und loyal zu ihm. Mit anderen Frauen gehörte sie dem Jüngerinnenkreis an. Am Schluß stand sie allein unter dem Kreuz. Als Einzige vernahm sie die letzten Worte Jesu. Sie ist auch die erste, die am Ostersonntag am Grab war und mit dem Auferstandenen gesprochen hat.

In ihrem Evangelium erzählt Magdalena von einer Offenbarung, die sie von Jesus empfangen hat, die aber den Aposteln nicht zuteil wurde.
Inhaltlich werden Logien Jesu berichtet, die Parallelen bei Thomas und anderen Evangelien haben. Sehr wichtig für die Gnosis ist ein Dialog zwischen Maria und Jesus. Er behandelt das in der gnostischen Literatur oft diskutierte Problem über das Verhältnis von „Seele“, „Geist“ und „Nous“. Eine Entscheidung in dieser Frage war fällig. Dazu war ein autoritatives Wort Jesu notwendig.
Maria: Erlange der Mensch die Vision durch die Seele oder durch den Geist?
Jesus: Weder durch die Seele noch durch den Geist, sondern durch den Verstand, welcher zwischen den beiden liegt. Er ist es (die Vision).[26]

[26] NHB, 502, 1, 15, 20-23; NHL, 1988, 526.

Als Maria von dieser Vision den übrigen Jüngern eine Mitteilung machte, reagierten sie mit Eifersucht und Zweifeln. „Habe Jesus sie uns vorgezogen?“ Doch rasch respektierte das Apostelgremium die Gnade, welche Maria zuteil geworden ist.

7. Das kanonische Johannesevangelium

Das kanonische Johannesevangelium hebt sich in besonderer Weise nicht nur gegenüber den Synoptikern, sondern auch im Vergleich zu allen Schriften des Neuen Testaments hervor. Johannes gehört zur Gattung der Evangelien, deshalb ist der Vergleich zu anderen Evangelien relevant. Die Synoptiker zeigen viele Gemeinsamkeiten, durch die sie ihre Zusammengehörigkeit bekunden. Zum einen benutzen sie vielfach die gleichen Quellen, unterscheiden sich jedoch jeweils durch ein Sondergut. Der synoptische Diskurs ist charakterisiert durch seine Perikopenstruktur, d.h. die Anreihung von Kurzgeschichten, Handlungen, Reden und Sprüchen Jesu, die miteinander nur durch ein Minimum von Konjunktiven verbunden sind (z.B. „und“, „dann“, „abermals“). Diese Perikopen wurden durch die örtlichen Gemeinden aufbewahrt, gesammelt und im letzten Drittel des ersten christlichen Jahrhunderts schriftlich fixiert.

Das Johannesevangelium unterscheidet sich in mehrfacher Hinsicht von den Synoptikern. Es seien dabei insbesondere genannt:

1. Es handelt sich bei Johannes um ein einheitliches Werk aus einer Feder.
2. Johannes hebt sich gegenüber den Synoptikern durch eine hochgradig entwickelte Rhetorik, ausgeprägte Theologie und philosophische Tiefe hervor.
3. Es fällt die insgesamt hohe Gelehrsamkeit des Autors auf.

Das Johannesevangelium stützt sich dennoch auf Gemeindetraditionen, die einen hohen Anspruch auf Authentizität stellen. Die Kirchenväter und namentlich Athanasios von Alexandrien konnten den Johannes mit gutem Gewissen in den Kanon aufnehmen.

Auf der anderen Seite besteht das Sondergut des Johannes nicht schlicht aus gewissen Jesustraditionen, welche nicht etwa den Synoptikern entgangen sind. Vielmehr bringt Johannes ein Gedankengut mit, das für das Neue Testamen unüblich ist. Während diese Ideen keine Parallelen im Neuen Testament haben, lassen sie sich in den philosophischen Kontext der Gnosis bruchlos einordnen.
Von besonderer Signifikanz ist der Prolog des Johannes (Joh. 1,1-17). Der „Logosbegriff" stammt sicher aus der Gnosis. Hinzu kommt die Betonung der Ideen „Wahrheit", „Weg" und das existentielle Verständnis des „Lebens", das „Hier", „Jetzt" und die befreiende Wirkung der Erkenntnis.

Durch seine Kanonisierung und sorgfältige Hütung durch die christliche Kirche ist das Johannesevangelium gut erhalten und für die Forschung immer zugänglich gewesen. Die Entdeckung der Naǧʿ Ḥammādī-Bibliothek brachte jene Schriften ans Tageslicht, die uns erstmalig mit dem Diskurs, dem Vokabularium, den Ideen und der Philosophie der Gnosis unmittelbar vertraut macht. Wir müssen Johannes in Verbindung mit der gnostischen Tradition sehen, ohne ihn aus der christlichen herauszunehmen.

Wenn eine Darstellung den Anspruch erhebt „christlich-gnostisch" zu sein, dann ist es das Johannesevangelium. Damit jedoch ist die Existenz einer eigenständigen „christlichen Gnosis" nicht begründet, denn es gibt keine eigenständige Johannäische Gemeinde. Diese ist in der christlichen Kirche voll integriert.

8. „Evangelium der Wahrheit“ = Evangelium Veritatis („EV“)

Übersicht

- Wieviele Evangelien der Wahrheit gibt es?
- Titulatur
- Formgeschichte
- Das Evangelium der Wahrheit – Ein Grundlagendokument der Gnosis
- Die Lehren des Evangeliums der Wahrheit
- Nach dem Fallen die Erlösung
- Erkenntnis bringt die Rettung
- Erkenntnisverlust und Erkenntnisrückgewinnung
- Erlösungslehre
- Einheit contra Dualismus
- Die Trinitätslehre
- „Vater der Wahrheit“
- „Logos / Sohn“
- „Heiliger Geist“

Vorab muß eine Identitätsfrage geklärt werden. Bei dem oben bereits besprochenen Bischof von Lyon, Irenäus, nämlich in seiner Schrift „Gegen die Ketzerei“, kommt eine Passage vor, in der er ein „Veritatis Evangelium“ erwähnt. Durch den Fund von Naǧʿ Ḥammādī wurde ein älteres Problem wieder aufgegriffen. Handelt es sich um dieselbe Schrift aus Naǧʿ Ḥammādī oder um eine andere?

Wie viele Evangelien der Wahrheit gibt es?

Irenäus von Lyon nennt in seiner Abhandlung gegen Häresien und Häretiker ein „Evangelium Veritatis“. Hieraus ergibt sich das Problem: Ist die eine Schrift aus dem Bücherfund von Naǧʿ Ḥammādī identisch mit dem bei Irenäus erwähnten Evangelium der Wahrheit?

Die Befürworter der These, es gäbe zwei Evangelien der Wahrheit, das eine wird bei Irenäus genannt, das andere sei in Naǧʿ Ḥammādī ausgegraben worden, begründen ihre Ansicht mit folgenden Argumenten:

Erstens: Diese eine gnostische Schrift aus Naǧʿ Ḥammādī ist formal kein Evangelium, denn der Terminus „Evangelium" sei früh eingeschränkt worden. Von da an bezeichnet er immer nur ein Buch über Leben, Wirken, Tod und Auferstehung Jesu. Das tut das Evangelium der Wahrheit aus Naǧʿ Ḥammādī nicht. Deshalb kann es nicht das Evangelium sein, das Irenäus gemeint hat.

Zweitens: Irenäus hat die Urheberschaft des von ihm erwähnten Evangeliums Veritatis den Valentinianern und nicht den Gnostikern angelastet.

Beide Argumente sind nicht stichhaltig.

Zum ersten: Es trifft zu, daß der Begriff Evangelium eine bestimmte Literaturgattung bezeichnet, doch es wurde nie ausgeschlossen, daß eine Schrift ehrenhalber in den Rang eines Evangeliums emporgehoben wird.

Zum zweiten: Die Valentinianische Sekte zeigt Gemeinsamkeiten mit der Gnosis wie übrigens auch mit der Orthodoxie. Irenäus macht keinen großen Fehler, wenn er eine Schrift – ohne Impressum und Imprimatur – der einen oder anderen Richtung zuschreibt.

Wir wollen die Zusammenhänge genauer und vollständiger darstellen. Vorab sei gesagt, daß der Buchtitel „Evangelium Veritatis" erst nach dem Fund von Naǧʿ Ḥammādī wieder aktuell geworden und in das breite Publikum gekommen ist. Weit über die Fachöffentlichkeit hinaus ist der Ausdruck „Evangelium der Wahrheit" ein attraktives Thema geworden. Schon vor der Entdeckung der Naǧʿ Ḥammādī-Bibliothek interessierte man sich für das noch nicht aufgetauchte Evangelium der Wahrheit. Kenntnis davon entnahm man der Schrift des Irenäus. Die Suche danach hat nichts gebracht. Erst nachdem man die Recherche eingestellt hatte, tauchte unerwartet ein

„Evangelium der Wahrheit“ auf. Es war klar, daß man fragen mußte: Ist es das von Irenäus genannte EV oder ein anderes?

Das Evangelium Veritatis aus NHB ist eine eindeutig gnostische Schrift. Irenäus hingegen schreibt das von ihm erwähnte Veritatis Evangelium dem Valentinianismus zu. Dadurch wurde in der Forschung eine breite Diskussion ausgelöst, ob es nämlich noch ein anderes Evangelium Veritatis gibt. Wenn Irenäus ein anderes „Evangelium der Wahrheit“ meint als das von Naǧʿ Ḥammādī entdeckte, so ist das Irenäische Evangelium nie aufgetaucht. Es hat uns nie erreicht. Schon deshalb müssen wir von einem einzigen EV sprechen.

Der Valentinianismus und die Gnosis sind zwei sehr verschiedene Anschauungen, aber sie überschneiden sich. Sie zeigen je für sich auch Gemeinsamkeiten mit der christlichen Orthodoxie. Es ist hypothetisch möglich, daß Irenäus eine gnostische Schrift für valentinianisch gehalten hat. Dem Bischof von Lyon lag nicht daran, eine vergleichende Konfessionskunde zu schreiben, sondern die Orthodoxie gegen heterodoxe Ideeninfiltration zu bewahren und die christliche Gemeinde auf dem Boden der Rechtgläubigkeit gegen die Verführungen der Irrlehren zu festigen.

Die ersten Herausgeber des Evangeliums von Naǧʿ Ḥammādī meinten, die von Irenäus genannte Schrift gefunden zu haben. Tatsächlich zeigt der Fund von Naǧʿ Ḥammādī Ideenverwandtschaft, gemeinsame Terminologie und Inhalte mit der valentinianischen Lehre auf. Das allein reicht aber nicht aus, um das EV von Naǧʿ Ḥammādī der Valentiniansekte zuzuschreiben. Beide Richtungen – Gnosis und Valentinian – weisen viele Gemeinsamkeiten zur Orthodoxie auf. Trotzdem handelt es sich um unterschiedliche Konfessionen. In diesem Fall kommt es nicht auf den Konsens, sondern auf den Dissens an. Ich persönlich meine, daß sich Irenäus geirrt hat. Er schrieb das gnostische Evangelium dem Valentinianismus zu.

Vieles (Linguistik, Inhalt und Kontext) spricht dafür, daß das EV von Nağʿ Ḥammādī um die Mitte des zweiten Jahrhunderts erschienen ist. Irenäus schreibt, daß ein „Evangelium der Wahrheit" erst kürzlich (womit Irenäus sagen will, es könne also nicht von den Aposteln Jesu stammen) bekanntgeworden ist. Dieses aber sei „non olim conscriptum", nicht allzulange vor seinem (Irenäus-) eigenen Werk erschienen. Irenäus gab sein eigenes Werk um das Jahr 180 heraus. Vom Umfang des Irenäischen Werkes her muß es Jahre in Anspruch genommen haben. Demnach schätzen wir das Erscheinungsjahr des von Irenäus vermeintlich valentianisch gehaltenen Evangeliums auf die Jahre zwischen 140 und 150 n.Chr. Es deckt sich also mit dem immanenten Befund des Evangeliums aus Nağʿ Ḥammādī. Wir schätzen eine Entstehungszeit für letzteres zwischen 140 und 150.

Zur Interpretation der Äußerung von Irenäus besteht ein hermeneutisches Problem. Der Bischof tritt leidenschaftlich für die Orthodoxie ein und prangert die Valentinianer an, weil sie ein längst von ihnen selbst verfaßtes Buch als „veritatis evangelium titulent" deklarieren. Die Stelle ließe sich auch so interpretieren, daß die Anhänger Valentins eine Pseudoepigraphie für das „wahre Evangelium" ausgeben. Irenäus sagt nicht direkt, es gibt dieses (angebliche) „Evangelium der Wahrheit". Irenäus verwendet in diesem Zusammenhang weder den Ausdruck „Apokryph" noch Synonyme. Jede konfessionelle Richtung präsentiert sich als Ganzes oder ihre Grundlagenschrift als das „wahre Evangelium". Man kann also nicht zwingend aus Irenäus schließen, es existiere ein „Evangelium der Wahrheit" als ein Buch analog den vier Evangelien, die von Irenäus als wahr und kanonisch anerkannt werden und zwar ausschließlich diese; ein fünftes gibt es nicht.

Über Irenäus wissen wir, daß er eifrig für die Orthodoxie eingetreten ist und nicht nur gegen den Valentinianismus, sondern auch gegen die Gnosis kämpfte. Es ist durchaus denkbar, daß die von Irenäus genannte Schrift mit dem Fund von Nağʿ Ḥammādī identisch ist.

Letzte Sicherheit besteht nicht. Jedenfalls glaubten die ersten Herausgeber des Evangeliumfundes von Nağ῾ Ḥammādī, beide Schriften seien identisch, folglich publizierten sie ihre Ausgabe unter dem vermeintlich alten Titel „Evangelium Veritatis". Diese Nomenklatur hat sich in der Forschung durchgesetzt. Man kann durchaus den Titel „Evangelium der Wahrheit" beibehalten. Zumal er inzwischen eine Konsensbezeichnung geworden ist. Nicht unerheblich ist, daß ein anderes „Veritatis Evangelium" nie in Erscheinung getreten ist. Ich persönlich meine, das von Irenäus genannte, nicht vorhandene Evangelium ist mit dem Buchfund von Nağ῾ Ḥammādī identisch.

Das zweite Buch im Codex I wird von unserer Seite als „Evangelium der Wahrheit" nicht deshalb bezeichnet, weil die Edition princeps unter diesem Titel erschienen ist, den die Herausgeber – aus welchen Überlegungen auch immer – gewählt haben. Es gibt immanente, nachstehend auszuführende Gründe dafür (siehe Abschnitt „Titulatur"), weshalb diese Schrift mit Recht „Evangelium der Wahrheit" genannt werden muß.
Bleiben wir dabei: Die Schrift aus Nağ῾ Ḥammādī trägt den Titel „Evangelium Veritatis" – zwar nicht aus der Sicht der Orthodoxie, aber aus ihrem eigenen Kontext heraus – zu Recht.

Evangelium der Wahrheit – Evangelium Veritatis (EV)
Das „Evangelium der Wahrheit" ist koptisch verfaßt. Es handelt sich um eine der Kernschriften der Gnosis. Bekanntgeworden ist es durch den Fund der gnostischen Bibliothek bei Nağ῾ Ḥammādī im Jahr 1945. Das Original ist im Koptischen Museum in Kairo aufbewahrt. Nach dem sensationellen Fund gehört es zu den ersten edierten Büchern dieser Bibliothek. In dem als ersten erstellten Kodex, dem Nağ῾ Ḥammādī Codex 1, steht es als zweite Schrift[27], daher auch „Gnosis II" genannt.

[27] ebenda, S. 16, 31-43, 24.

Titulatur
Der Name „Evangelium der Wahrheit“ ist inhaltlich gerechtfertigt. Es trifft zu, daß die Literaturgattung „Evangelium“ ein Buch bezeichnet, welches das Leben, Werk, die Kreuzigung und Auferstehung Jesu darstellt. Diese Definition orientiert sich an den vier kanonischen Evangelien und analogen apokryphen Büchern einschließlich der gnostischen Evangelien. Schon früh wurde die Verwendung des Begriffes „Evangelium“ auf die ausschließlich Jesu, seinem Werk und seinen Worten gewidmete Literaturgattung eingeschränkt. Das „Evangelium der Wahrheit“ von Naǧʿ Ḥammādī ist kein analoges Buch. Es ist kein Evangelium in diesem später Konsens gewordenen Sinn des Wortes. Demnach gehört das Naǧʿ Ḥammādī -Buch dieser Gattung nicht an.
Es trägt dennoch seinen Namen zu Recht und ist nach der Absicht von Autor und Herausgeber, der gnostischen Leitung, ein Evangelium: „Evangelium“ ist das EV deshalb, weil es die „frohe Botschaft der Erlösung“ bringt und die Nachricht vom Heil verkündet. Dies ist auch die Aufgabenstellung anderer Evangelien, wurde aber aus christlicher Sicht nicht als alleiniges Kriterium angesehen, was den Titel „Evangelium“ rechtfertigt. Trotzdem haben die Gnostiker ihr Buch legitim „Evangelium der Wahrheit“ genannt, denn es bringt den Menschen in der Verirrung die Nachricht von der Errettung und teilt ihnen mit: Die Verlorenheit der Menschen ist nicht ihr Ende. Es gibt Erlösung. Es gibt Heil.

Evangelium „der Wahrheit“: Der zweite Teil des Titels ist inhaltlich auch gerechtfertigt, denn es spricht über den „Vater der Wahrheit“ als der Hauptperson der Abhandlung.
Dieses gnostische Evangelium trägt den Titel „Evangelium Veritatis“ mit Fug und Recht. Es hätte nicht besser tituliert werden können. Da es kein anderes Evangelium der Wahrheit gibt, können wir vom „Evangelium Veritatis“ syn. „Evangelium der Wahrheit“ ohne Attribut sprechen und meinen damit ausschließlich den entsprechenden Buchfund von Naǧʿ Ḥammādī.

Um das Problem noch komplizierter zu machen, sei erwähnt, das das Buch aus NHB diesen Titel nicht trägt, mit welchem Recht also nennen wir es „Evangelium der Wahrheit“?
Es besteht kein Zweifel daran, daß das „Evangelium der Wahrheit“ eine gnostische Schrift ist. Zum einen deckt es sich mit dem gesamten gnostischen Diskurs in einem fortgeschrittenen Stadium seiner Entwicklung. Zum anderen stellt es die Hauptthese der Gnosis von der erlösenden Erkenntnis in den Mittelpunkt des seelsorgerischen Interesses.

Die Nomenklatur „Evangelium der Wahrheit“ ist, vom Gesagten abgesehen, aus einem anderen, rein formalen Grund gerechtfertigt. Die in Naǧʿ Ḥammādī gefundene Schrift beginnt mit folgendem Vers: *„Das Evangelium der Wahrheit ist Jubel für diejenigen, welche (...)“.* Diese eröffnende Formulierung legt nahe, daß die Schrift tatsächlich „Evangelium der Wahrheit“ geheißen hat. Davon unabhängig wurden auch andere Bücher des Altertums nach dem ersten Satz oder den ersten Worten der Schrift tituliert.
Es sei darauf aufmerksam gemacht, daß wir es bei dem Evangelium Veritatis mit einem der ersten Bücher, die je in der Menschheitsgeschichte geschrieben wurden, zu tun haben. Zuvor gab es nur Schriftrollen. Standards der Buchaufmachung, wie sie sich im Laufe der Zeit herausgebildet haben, waren noch nicht etabliert. Ein Buch wurde in der Weise begonnen, wie man einen Brief schreibt. Einen Titel zu allem Anfang einer Schrift hat man nicht kundgetan. Bald hat man einem Buch einen Titel gegeben, der aber war am Schluß der Schrift genannt (darum nennen wir unsere Schrift (...). Manchmal wurde ein Titel erst nach langen Ausführungen genannt, nachdem der Autor die gewählte Titulatur erschöpfend begründete. Zuweilen kam der Buchtitel erst gegen Mitte des Buches zum Ausdruck. Gleichwohl haben sich Normen sehr früh entwickelt, die teilweise bis heute eingehalten werden.

Formgeschichte

I.

Die Lektüre des Evangeliums der Wahrheit imponiert nach einem mündlich vorgetragenen Referat, vielleicht sogar einer Stegreifrede – allerdings aus dem Munde eines sehr kompetenten Lehrmeisters. Es handelt sich auf keinen Fall um eine Gemeindepredigt, sondern um eine Vorlesung vor ausgebildeten Kadern. Der Vortrag diente der Theoriebildung und Theorievermittlung – bestimmt für Hörer, welche sich in den Grundlagen auskennen. Es werden Punkte angeschnitten, ohne auf sie näher einzugehen, was für uns sehr interessant gewesen wäre. Der Referent setzte ihre Kenntnis voraus. Die Absicht des Referates war aber nicht die Erbauung, sondern vielmehr, den Hörern die Erkenntnisziele klarzumachen. Die Grundlinien werden rasch gezogen, der Hauptrahmen wird skizzenmäßig dargestellt, um unmittelbar zu dem eigentlichen Sinn der Rede zu gelangen, das Wesentliche der Gnosis im Stadium seiner theoretischen Ausreifung darzulegen.

Die formgeschichtliche Betrachtung des EV erweckt bei der Lektüre ein Spannungsverhältnis: Dem Leser liegt einerseits eine grundlegende Schrift von großer Bedeutung vor, andererseits läßt sie die klassischen Formen einer Abhandlung dieses Anspruches nicht in Erscheinung treten. Insgesamt vermittelt das EV den Eindruck einer Rede zum Zwecke der Aufbauqualifikation. Sie basiert nicht auf einem vorhandenen Werk oder Vortragsmanuskript. Es fehlen eine isolierte, konkrete Problemlage und eine inhaltlich begrenzte Fragestellung, die für sich genommen argumentativ angegangen werden. Vielmehr hat der Redner die gesamte gnostische Bibliothek im Kopf. Aus diesem Hintergrund schöpft er und erläutert das „Wesen der Gnosis“. Aus den zentralen Themenbereichen greift er den Kern auf und verbindet ihn mit der Aussage eines anderen Themenbereichs. So entsteht ein – in vielen Büchern verstreuter – Sinnzusammenhang, der die Gnosis zu einem einheitlichen Formenkreis schließt. Auf dieses Wesen der Lehre steuert der Referent zielgerichtet hin.

Offensichtlich ging auch die Hörerschaft mit dieser Einstellung in das Auditorium. Sie erwartet keine Vorlesung im Rahmen einer mehrsemestrigen Sequenz, vielmehr eine Klarstellung und Präzisierung des „Wesens der Gnosis". Man könnte von einer Veranstaltung zum Selbstverständnis sprechen. Auf dieses Erkenntnisziel steuert die Schrift hin.

Daraus ist zu schließen, daß es sich um eine Sitzung des engeren, inneren Kreises, vielleicht sogar des leitenden Gremiums, bescheidener gesagt, um eine Kaderqualifikation oder eine Entsendungsveranstaltung handelt. Denkbar ist auch ein Grundsatzreferat, das aus einem innerorganisatorischen oder einem äußeren Anlaß aktuell geworden ist. Vorstellbar ist auch, daß die Ideenträger im Außendienst zu einer plan- oder außerplanmäßigen Konferenz eingeladen waren. Hier erlangen sie einen Auffrischungskurs und werden auf den jetzigen Stand der Theoriebildung gebracht. Im Kontrast zu einem mündlich, ohne schriftliche Ausarbeitung gehaltenen Vortrag stehen die Präzision des Ausdrucks und die Sicherheit des Auftritts. Das Referat faßt die theoretische Systematik der Gnosis zusammen. Mit klarem Ziel im Kopf des Redners wird die Lehrsystematik dargelegt. Der Meister verzichtet bewußt auf Detailausführungen und steuert mit atemberaubender Geschwindigkeit auf die wesentlichen Punkte zu, die er als Erkenntniszweck dieser Sitzung vorgesehen hat.

In Hinblick auf die Bedeutung des Referenten und den Stellenwert, den man seinen Worten beigemessen hat, wurde sein Referat von einem trainierten Schreiber, etwa dem amtlichen Protokollführer der Organisation, simultan aufgezeichnet und unverändert herausgegeben. Zweimal spricht der Referent im Ich-Stil. Diese Sätze wurden so protokolliert, wie sie vorgetragen wurden, ohne sie durch allgemein gehaltene Formulierungen zu ersetzen. Man erwartete also eine Verlautbarung von verfassungsähnlicher Signifikanz.

Der Vortragende spricht die großen Fragen seines weltanschaulichen Systems an, ohne auf sie näher einzugehen, denn er geht davon aus, daß seine Hörer hinreichend geschult sind. So z.B. setzt er bei

der Kosmologie an, die sicher komplexer ist als dargestellt, ohne auf Details einzugehen, denn seine Hörer sind mit den Grundlagen vertraut; sie wären sonst zu diesem Hauptseminar nicht eingeladen worden. Nichteingeweihten hingegen bleiben die Ausführungen unverständlich.
Zu diesen Uneingeweihten zählt auch der heutige Leser. Nur mühsam vermag man es, vom gegenwärtigen Standort aus in die Schrift hermeneutisch einzudringen. Aus den fragmentarisch angeschnittenen Ansätzen und den stichwortartig verstreuten Schlüsselformulierungen sollte ein annähernd integrierter Gedankengang konstruiert werden.
Das Referat ist didaktisch gelungen. Die Teilnehmer der Sitzung können mit den Lernzielen gut arbeiten. Ihnen ist zum Beispiel klargeworden, an welchen Ort der Systematik sie nach Bedarf Jesus Christus einbauen können, ohne dabei opportunistisch zu sein oder die eigene Lehre zu verfälschen.
Für uns aus dem zeitlichen Abstand gibt die Kurztaktrede nicht nur Schwierigkeiten, sondern auch große Vorteile. Sie liefert ein besseres Verständnis des Gesamtsystems, was durch viele verstreute Schriften und umfangreiche Monographien nicht ebensogut übersichtlich wäre.

Diese Sachlage hat den Vorteil, daß man bei der Analyse des EV nicht durch ein zentrales Problem, um das sich die Schrift dreht, vom Gesamtzusammenhang abgelenkt wird. Die Schrift dürfte als Referat eines höheren Hierarchen entstanden sein, der nicht vor der breiten Öffentlichkeit, sondern vor einem qualifizierten, führenden Personenkreis gesprochen hat. Der Referent muß eine Persönlichkeit von hoher Autorität gewesen sein. Auf der einen Seite handelt es sich wohl um ein mündlich vorgetragenes Grundsatzreferat. Das entnehmen wir dem Redefluß im EV und dem stellenweise assoziativen Aufbau des Referates. Auf der anderen Seite folgt das Evangelium der Wahrheit einer strengen Systematik, der die freie Rede keinen Abbruch tut. Dem Zweck der Veranstaltung und den Adressaten dient eine flexible Einstellung des Meisters eher als eine schriftlich feststе-

hende Vorlesung. Der Referent kennt seine Hörer und kann aktuell gestellte Fragen in sein Konzept rasch einbeziehen. Handelt es sich beim Auditorium um Ideenträger, die unmittelbar vor ihrer Mission im Außendienst stehen, so kommt es bei einer Entsendungsrede doch nur noch darauf an, das Wesentliche der Lehre herauszustellen und für die Weitervermittlung zu empfehlen.
Von diesem (konstruierten) Kontext profitieren auch wir heute. Das EV führt uns auf kürzestem Weg zum Wesen der Gnosis hin. Ich halte das „Evangelium der Wahrheit“ für eine optimale Einführung in die Gnosis, die heute ebenso wie damals gilt, wobei es einer Einführung bedarf.
Somit bringt uns das EV mitten in das innere Leben der Bewegung mit ihrer Spiritualität, Lehre und ihrem pastoralen Verständnis.

II.

Das Evangelium der Wahrheit aus Naǧʿ Ḥammādī weicht zwar nach Form, Aufgabenstellung und Inhalt von den kanonischen Evangelien ab, bezeichnet sich jedoch zu Recht als „Evangelium“. Es ist ein Evangelium im ursprünglichem Sinn des Ausdrucks, nämlich: „Heilsbotschaft“, „frohe Nachricht (von Errettung und Erlösung)“.

Das Evangelium der Wahrheit aus Naǧʿ Ḥammādī zeigt Beziehungen zu den Anhängern Valentinians auf, weicht jedoch so erheblich von ihren Anschauungen ab, daß es schwerlich in ihre Tradition einzuordnen ist. Hingegen stellt die Beziehung von Codex II und der Gnosis ein ungestörtes Verhältnis dar. Wir können das Evangelium Veritatis guten Gewissens der Gnosis zuschreiben. Diese Entscheidung wird bereits durch den Prolog des EV gestützt.

Prolog des Evangeliums der Wahrheit

„Das Evangelium der Wahrheit ist Jubel für diejenigen,
welche die Gnade vom Vater der Wahrheit empfangen haben,
daß sie ihn vermittels der Kraft des Logos erkennen,
der aus dem Plerom (Fülle) gekommen ist.

Er ist der Logos, welcher im Denken und im Nous des Vaters war.
Er ist es, welcher der „Erlöser" genannt wird,
denn die Erlösung ist das Werk, das er vollbringen soll
zur Errettung derer, die den Vater (noch) nicht erkannt haben.
Der Name des Evangeliums offenbart die Hoffnung,
indem jene ihn finden, die ihn suchen".
Dabei bedeutet:
Evangelium: (frohe Heils-) Botschaft
Logos: das Wort. In diesem Diskurs synonym zu Jesus Christus
Nous: Vernunft
Plerom(a): Fülle, Vollkommenheit, Vollendung
Äon: Der spezifisch gnostische Ausdruck „Äon" vereint beide Dimensionen von Raum und Zeit. Er schließt die unendlichen Zeiten und das Universum ohne Rand ein. Äonen, stets im Plural, ist für die Gnosis ein tragender Begriff.

Aus dem Prolog geht eindeutig hervor, daß die Schrift „Evangelium der Wahrheit" genannt wird. Der Prolog bringt Kernaussagen der Gnosis zum Ausdruck. „Erkenntnis" und „erkennen" wiederholen sich sehr oft; nicht nur hier, sondern im ganzen ‚Evangelium Veritatis'.
Die Schrift wird bereits im Prolog „Evangelium" genannt und begründet, weil sie „frohe" und „Heilsbotschaft" ist. Da sie die Erlösung bringt, genauer die Nachricht vom Heiland, der die Erlösung bringt, beansprucht sie legitim, ein Evangelium zu sein.
Die frohe Heilsbotschaft bewirkt den Jubel für die Wahrheit. Die Erkenntnis des Vaters bringt die Erlösung (Errettung). Der Name des Evangeliums offenbart die Hoffnung, d.h. die Erkenntnis dessen, der die Erlösung bringt. Die Errettung besteht in der Erkenntnis des Vaters. Erkenntnis ist Hoffnung, weil sie die Errettung zur Gewißheit macht.
Die gnostische Bibliothek enthält mehrere Werke, die jeweils als Evangelium bezeichnet werden. Alle anderen gnostischen Evangelien weisen Merkmale auf, die beim Evangelium der Wahrheit fehlen.

Typisch bei einem gnostischen Evangelium ist sonst ein Gespräch des Erlösers mit einem oder mehreren seiner Jünger. Diese Schriften werden durch den direkten Empfang der Worte des Erlösers legitimiert. Hier wird das Evangelium Veritatis dadurch legitimiert, daß es sich um eine Offenbarung handelt.
Im EV spricht der Autor zu den Lesern aus einer autorisierten Position heraus. Zweimal redet er direkt im Ich-Stil. Dabei beansprucht er nicht, ein Offenbarer, wohl aber Empfänger einer Initiation oder einer Vollmacht zu sein. Ansonsten tritt der Autor hinter die Sache zurück. Wie andere Schriften enthält das Evangelium der Wahrheit sowohl Lehrstücke als auch Paränesen.[28]

Das Evangelium der Wahrheit – Ein Grundlagendokument der Gnosis

Dem Referenten kam es darauf an, einen Abriß der gnostischen Lehre in einer für Lehrer und Hörer überschaubaren Zeit zu liefern. Er faßt die grundlegenden Punkte zusammen, leitet sie voneinander ab und zeigt auf, wie sie sich zueinander verhalten. Das Wesentliche der Lehre wird ohne jede Polemik referiert. Die Relevanz einer Aussage wird gleich im Anschluß daran hervorgehoben.

Die Lehren des Evangeliums der Wahrheit (in Zusammenfassung)

1. Das einzige nicht entstandene Wesen ist der Vater der Wahrheit. Hier wird auf das Ur-Prinzip Bezug genommen. Der Vater befindet sich im Plerom. Im Plerom befindet er sich im Zustand der Ruhe. Der Ausdruck „Ur-Prinzip“ wird im EV nicht gebraucht, ebensowenig der Ausdruck „Unbewegter“. Gedanklich sind beide mit den analogen Begriffen identisch: „Der Einzige, der nicht entstanden ist“, ist das „Ur-Prinzip“, „die Ruhe“, „der Unbewegte“.
2. Er, der Vater, zeugt seinen Sohn, den Logos, auch Jesus Christus und Erlöser genannt.

[28] Paränesen – Mahnreden, nicht kanonisch.

3. Der Vater schafft dann das Universum, die Äonen (Sphären), die sich ebenfalls im Plerom befinden. „Das All wandte sich nach dem, aus dem es hervorgekommen war. Das All war in dem undenkbar Unfaßbaren, der über alles Denken erhaben ist".
4. Der Vater setzt den Logos zum Herrn des Alls und der Äonen ein.
5. Nur der Logos kennt den Vater, die Äonen nicht.
6. „Das Nicht-Erkennen des Vaters erzeugte Furcht und Angst. Die Angst verdichtete sich wie Nebel, so daß niemand sehen konnte. Daher gewann der Irrweg die Übermacht".
7. Die Äonen suchen von sich aus den Vater, finden ihn aber nicht. Die Unwissenheit um den Vater erzeugt Panik und Schrecken, in deren Nebel sich Verirrungen ausbreiten und vorherrschen.
8. Nebel und Verirrungen schaffen die Materie.
9. Aus der Materie bilden sich die untere, irdische Welt und die Menschen.
10. Die materielle Welt „bearbeitete ihre Materie ohne Erfolg, weil sie die Wahrheit nicht kannte".
11. Diese Welt ist nur ein Schein, ist ein Nichts.
12. In dieser Welt existieren zwei Menschengruppen:
    Die eine sind die Hyliker.[29] Sie bestehen aus Materie.
    Die andere ist der „Samen des Vaters". Diese sind gefallene Äonen.
13. Zur Errettung der letzteren (nur dieser!) entsendet der Vater den Logos, der sie durch die Erkenntnis ihres Ursprungs befreit. Durch ihn überwinden sie die Vergessenheit und den Mangel. Der Logos führt sie zum Vater, zu ihrem Ursprung, und zurück.
    Die Gnosis kennt keine Auserwähltheit unter den Menschen. Zur Präzisierung der gnostischen Sicht muß zum Evangelium der Wahrheit noch die Schrift „Die dreigestaltige Protennoia" hinzugenommen werden: Sie schildert unter anderem die Rückgliederung der einst Gefallenen in die Sphären des Lichtes.[30]

---

[29] der körperliche Mensch; der Materie und dem irdischen Dasein verfallen.
[30] NHL, 513.

14. Die Äonen sollen den Vater durch den Logos erst zu einem festgesetzten Zeitpunkt erkennen.

Indem das Evangelium der Wahrheit die Grundlagen nur stichwortartig in Erinnerung ruft, um darauf aufzubauen, sind sie immanent, allein durch das EV, für den Außenstehenden nicht eindeutig. Der Telegrammstil der Rede bringt die komplexen kosmologischen Zusammenhänge unzureichend zum Ausdruck. Irenäus, der dieses Wissen bei den Lesern seines Traktats nicht voraussetzt, macht es verständlicher: „Da durch Unwissenheit, Mangel und Leidenschaft entstanden, wird durch Wissen das ganze aus Unwissenheit entstandene System (gemeint ist die materielle Welt) wieder aufgelöst“.[31] Die Stelle legitimiert die von der Bewegung gewählte Selbstbezeichnung „Gnosis“.

Das Evangelium der Wahrheit schreibt:
„Im Vater entsteht die Erkenntnis. Diese wurde offenbar, damit das Vergessen aufgelöst werde und man den Vater erkenne. Da das Vergessen entstanden ist, damit man den Vater nicht erkenne, wird dann, wenn man den Vater erkennt, von diesem Zeitpunkt an das Vergessen nicht mehr bestehen. Das ist das Evangelium dessen, nach dem sie suchen, das er den Vollkommenen offenbart hat, das geheime Mysterion Jesus Christus“.[32]

Nach dem Fallen die Erlösung

Was die Bibel als Sündenfall durch den Verzehr der Frucht von dem verbotenen Baum der Erkenntnis darstellt, ist in der Gnosis das Nicht-Erkennen. Die Erlösung ist die Gewinnung der Erkenntnis. Die Unwissenheit bringt den Menschen das Elend, das Wissen um den Vater die Errettung. Die Erlösung erfolgt als Gnadenakt durch den Vater, der Erkenntnis und Wissen offenbart:
„Der Vater offenbarte seinen Schoß. Sein Schoß ist aber der Heilige Geist, welcher sein Verborgenes offenbart. Sein Verborgenes ist der Sohn, damit die Äonen ihn durch das Mitleid des Vaters erkennen

31 Irenäus, Adversus Haereses, 1, 21, 4
32 EV, 17, 5-18, 16.

und aufhören, sich zu plagen, indem sie nach dem Vater suchen, indem sie in ihm ruhen, indem sie wissen, daß dieser die Ruhe ist. Nachdem er den Mangel durch die Fülle (Pleroma) beseitigt hatte, löste er die äußere Erscheinung auf. Seine äußere Erscheinung ist die Welt, in der er gedient hatte. Der Ort nämlich, an dem es Eifersucht und Streit gibt, ist mangelhaft. Der Ort aber, der die Einheit ist, ist vollkommen. Da der Mangel entstanden ist, weil sie den Vater nicht erkannten, wird dann, wenn sie den Vater erkennen, der Mangel von diesem Zeitpunkt an nicht bestehen".[33]

Nach diesem Traktat findet also die Erlösung durch Jesus statt. Durch seinen Dienst in der Welt offenbart und realisiert er den Heilsplan, dem der „Same des Vaters", die gefallenen Äonen", welche die Kinder dieser Welt geworden sind, teilhaftig werden.
Stellenweise findet hier eine Annäherung an die christliche Soteriologie statt. Dabei dürfen die großen kosmologischen Differenzen, welche für die Gnosis charakteristisch sind, nicht übersehen werden. Konsens mit dem Christentum ist der Grundgedanke, daß die Erlösung der Menschen durch des Vaters Sohn, der vom Heiligen Geist gezeugt ist, erfolgt.

Das Evangelium der Wahrheit darf als ein Musterbeispiel gnostischer Verkündigung gelten. Gnosis und Christentum zeigen so viele gemeinsame inhaltliche Merkmale auf, daß es schwierig ist festzustellen, wer der Urheber welcher Gedanken ist. Die Gnosis ist älter als die christliche Lehre. Letztere finden wir in ihrer Einfachheit und Klarheit in den authentischen Worten Jesu. Die komplexe Dogmatik entwickelte sich von der zweiten Hälfte des ersten Jahrhunderts an bis zum fünften Jahrhundert. Sie nimmt vieles vom gnostischen Gedankengut auf.
Andererseits entdeckt die Gnosis die Bedeutung Jesu und die christliche Fassung der Erlösungslehre. Um die Mitte des zweiten Jahrhunderts scheinen sich in gnostischen Kreisen Ansätze zur

[33] EV, 24, 10-32.

Rezeption von Aspekten des Christentums durchgesetzt zu haben, ohne jedoch das Wesen der Gnosis aufzugeben. Daran schloß sich eine synkretistische Tendenz, durch die sich Gnosis und Christentum gegenseitig stark beeinflußten. Da aber jede der beiden Bewegungen ihren Eigencharakter bewahrt, kann von Synkretismus nicht gesprochen werden, da in diesem Vorbild die beiden Bewegungen sich zu einheitlicher Weltanschauung entwickeln. Eine Annäherung der beiden großen Weltanschauungen Gnosis und Christentum ist hingegen erkennbar. Die Lehre Jesus Christus, der Logos, ist kein trennendes Moment mehr. Die Gottessohnschaft Jesu wird gnostisch anerkannt und in die Lehre eingearbeitet. Jesus Christus hat die höchste Stellung nach dem Vater inne. Wir verfügen zwar über keine synchronen Texte christlicher Autoritäten mit vergleichbarem Inhalt zu den gnostischen, es ist aber vorstellbar, daß auch von der Kanzel so gepredigt worden sein könnte. Das macht verständlich, warum Irenäus und Klemens sich veranlaßt sahen, ihre Differenzen zur Gnosis deutlich zu machen, um die Unvereinbarkeit beider Anschauungen zu begründen. Auch Athanasios von Alexandrien sah sich veranlaßt, die theologische Auffassung des Christentums von der Menschwerdung in einer eigenen Monographie darzulegen: „Die Inkarnation des Logos“.

Erkenntnisverlust und Erkenntnisrückgewinnung

„Da der Mangel entstanden ist, weil sie den Vater nicht erkannten, wird dann, wenn sie den Vater erkennen, der Mangel von diesem Zeitpunkt an nicht bestehen“.[34]

Das Erlösungswerk ist ein Erkenntnisvorgang. Das ist eine die Gnosis tragende Sicht. Sie begründet den selbstgewählten Namen der Bewegung.

[34] EV, 24, 10-32.

Erlösungslehre

Nach gnostischer Auffassung geschieht die Erlösung durch den Logos, der mit Jesus Christus identisch ist. Die Gnosis setzt den Sohn in das Amt des Heilands ein, der die Menschen aus der Verirrung zur wahren Erkenntnis und damit zur Erlösung hinführt. Insoweit kann es in bezug auf diesen Aspekt keinen Dissens zwischen Christentum und Gnosis geben.

Einheit contra Dualismus

Das Einheitsprinzip kann als roter Faden nicht nur der theoretischen, sondern auch der praktischen Philosophie Ägyptens angesehen werden. Nachweisbar ist es seit Thot mit Höhepunkt bei Echnaton, Amenophis IV. und jetzt aktuell bei der Gnosis:

„(...) Der Ort nämlich, an dem es Eifersucht und Streit (d.h. Dualismus, K.K.) gibt, ist mangelhaft. Der Ort aber, der die Einheit ist, ist vollkommen“.[35]

Die Trinitätslehre

Das Evangelium der Wahrheit liefert die älteste Fassung der Trinitätslehre mit der Kombination „Vater, Sohn/Logos, Heiliger Geist“. Das Christentum hat die Trinitätslehre nicht erfunden, sondern vorgefunden. Sie blickt auf eine lange, spezifisch ägyptische Religionsgeschichte zurück. Die Trinitätslehre findet sich bei den Gnostikern in der Weise, wie sie auch bei christlichen Gläubigen des synchronen Zeitraumes nicht viel anders verstanden wurde. Das Evangelium der Wahrheit (EV) liefert die bisher ausgereifteste Ausformulierung, wie sie später von den ökumenischen Synoden dem Prinzip nach kanonisiert wurde. Die Dogmatik der großen Konzilien von Nikaia (325), Konstantinopel (381) und Ephesus (431) kann für den Zeitpunkt, über den wir schreiben – Mitte des zweiten Jahrhunderts – nicht als normativ angesehen werden. Es kann nicht ernsthaft bestritten werden, daß die Trinitätslehre eine Rezeption von Gnosis und Plotin, die ihrerseits altägyptische Elemente weiterentwickelt haben, darstellt.

[35] EV, 24, 10-32.

Die Trinitätslehre wurde übernommen, ausdifferenziert und mit der systematischen Theologie des Christentums vereinbart. Zwischen der gnostischen Trinität und dem Dogma der großen Synoden bildet Plotin den entscheidenden Übergang von der Gnosis zum Christentum.

„Vater der Wahrheit"

„Vater der Wahrheit" ist ein Schlüsselbegriff der Gnosis. Sie hat ihn von der Thotschen Philosophie übernommen und theologisch weiter vertieft. Von der Gnosis kam der Vaterbegriff in das Christentum. „Durch ihn (denVater) ist alles entstanden. Nur er ist nicht entstanden" (EV). Er ist. Er ist der Urheber der Äonen und des Kosmos. Das Evangelium Veritatis stellt den Vater der Wahrheit gleich Gott und Urprinzip (ohne den Begriff „Urprinzip" zu verwenden). Das EV geht von ihm, dem Vater der Wahrheit und seinem Heilsplan, aus, um von diesem Ansatz alle anderen Fragen abzuleiten und zu erklären.

„Logos / Sohn"

Der „Vater der Wahrheit" brachte den Sohn, den Logos, hervor. Er setzte ihn ein als Haupt alles Seienden.
Das Evangelium der Wahrheit leistet die Aufgabe, den Standort Jesu im gnostischen System zu bestimmen: Wo steht Jesus in der Kosmologie?
„Der Heilige Geist offenbarte sein Verborgenes. Sein Verborgenes ist der Sohn. (...) Nachdem er den Mangel durch die Fülle beseitigt hatte, löste er die äußere Erscheinung auf. Seine äußere Erscheinung ist die Welt, in der er gedient hatte. Der Ort nämlich, an dem es Eifersucht und Streit gibt, ist mangelhaft. Der Ort aber, der die Einheit ist, ist vollkommen. Da der Mangel entstanden ist, weil sie den Vater nicht erkannten, wird dann, wenn sie den Vater erkennen, der Mangel von diesem Zeitpunkt an nicht bestehen".[36]

Wiederholt betonen gnostische Schriften die Identität von „Logos" und „Sohn". Darin folgt auch Plotin der Gnosis. Die Logostheologie

[36] EV, 24, 10-32.

findet weiterhin Zugang in das Neue Testament, besonders in das eindeutig gnostisch beeinflußte Johannesevangelium. Der Logos, der Sohn des Vaters der Wahrheit, ist der Heiland. Die Gnosis zusammen mit Plotin stehen inhaltlich hinter dem Prolog des Johannesevangeliums.[37] Freilich mußte der Logos von der Kosmologie losgelöst werden, um seinen Platz in der christlichen Dogmatik einzunehmen. Die Übernahme der Gnosistheologe durch Johannes ist nur der Gipfel von Rezeption im Detail. Johannes fordert: Wissen macht frei.

„Heiliger Geist"

„Der Vater offenbarte seinen Schoß. Sein Schoß ist aber der Heilige Geist, welcher sein Verborgenes offenbart. Sein Verborgenes ist der Sohn".[38]

Hier findet sich der Gedanke von der Zeugung des Sohnes durch den Heiligen Geist. Da die Kindheitsevangelien wahrscheinlich später als das Evangelium Veritatis entstanden sind, ist anzunehmen, daß die Gnosis – dem Prinzip nach – eigentlicher Urheber der „jungfräulichen Geburt" ist, welche Zugang in die kanonischen Evangelien gefunden hat.

Die Theologie des Heiligen Geistes ist im EV nur angeschnitten; sie wird nicht weiter ausgeführt. Bei dieser Kürze unterscheidet sie sich nicht vom konziliar beschlossenen Nicaeno-konstantinopolitanischen Glaubensbekenntnis.

---

37 Joh. 1,1-17.
38 EV, 24, 10-32.

9. Brief des Silvanos (Silwanos)[39]

Der Brief des Silvanos ist koptisch verfaßt. Er stammt aus dem Ägypten des zweiten christlichen Jahrhunderts. Der Autor wählte die literarische Form eines Briefes, den der erziehende Vater an seinen Sohn Silvanos schreibt. Inhalt und Lehren des Briefes sind Konsens; sie bieten keinen Grund zum Widerspruch. Aus christlicher Sicht ist auch nichts dagegen einzuwenden. Die Bedeutung des Briefes besteht in der Betonung der Wende, die jeder Einzelne, der das Höhere anstrebt, vollziehen muß. Zum anderen hebt der Verfasser auf die Vernunft, die Selbsterkenntnis und die Erkenntnis ab.
Signifikant ist dieses Sendschreiben vor allem darin, daß es den Erkenntnisweg operationalisiert. Der Lehrmeister fordert den jungen Studierenden dazu auf, die schöpferischen Kräfte in ihm selbst zu entdecken und zu entfalten. Der Gnostiker soll sich an der eigenen Vernunft orientieren und dem Verstand folgen.
Silvanos zeigt die enge Ideenverwandtschaft zwischen Gnosis und Stoismus in bezug auf die Betonung der Ethik und des Rationalismus auf. Der Autor ermahnt dazu, mit der Unwissenheit, die einen in Ketten legt, und mit der Trunkenheit, die lähmt, zu brechen. Dafür ist das innere Licht, die Erkenntnis, zu entdecken: „Vertraue auf deine Vernunft!" Silvanos betont: Die eigentliche Größe des Menschen ist unsichtbar. Die Größe ist im Menschen selbst verborgen. Der Mensch solle seine eigene, innere, erhabene Menschlichkeit erst entdecken, womit sie von ihm selbst entfaltet wird. Der Mensch solle die in ihm latent vorhandene Erkenntnisfähigkeit wecken und das Licht im Inneren anzünden. Er werde dann einen brennenden Durst nach Wissen verspüren. Diesem solle er nachgehen. Selbsterkenntnis ist Selbstbefreiung.

Auch in kulturhistorischer Sicht ist der Brief des Silvanos bedeutsam. Er macht anschaulich, wie eng Bildung, Kultur, Spiritualität und Ethik miteinander verbunden sind. Es sind keine getrennten Wege,

[39] NH, VII, 2, 4; NHL, 390ff.

die voneinander unabhängig wären, vielmehr stellen sie eine Einheit dar. Der intellektuelle Verfasser redet ein gelehrtes Publikum an. Bildung und Ausbildung waren in Oberägypten im zweiten Jahrhundert offensichtlich sehr verbreitet.

Vierter Abschnitt
Die gnostische Lehre

„Wer waren wir?
Wo waren wir?
Wo sind wir hingeworfen?
Was sind wir geworden?
Wo sind wir in Unruhe?
Woraus sind wir erlöst?
Was ist Geburt?
Was ist Wiedergeburt?"

Diesen Fragenkatalog zitiert Klemens von Alexandrien nach dem nicht weiter bekannten Theodor, einem gnostischen Priester, der in Alexandrien im ersten christlichen Jahrhundert gewirkt hat. Einfache Fragen – schwierige Antworten. Wer soll die Antworten geben? Wie lassen sich Dimensionen erschließen, in die keiner eingedrungen ist?

Das Evangelium der Wahrheit bringt die Konsensantwort folgendermaßen zum Ausdruck: „Wer Wissen und Selbsterkenntnis erlangt, wird wissen, woher er kommt und wohin er geht".
Zu dem Problem des fehlenden Wissens kommt ein zweites hinzu. Die menschliche Sprache ist, wie der Mensch selbst, an die materielle Existenz gebunden. Sie reicht nicht aus, spirituelle Dimensionen adäquat zu beschreiben. Um nicht aufzugeben, entdeckt der Mensch übermaterielle Ausdrucksmittel. Zu diesen zählen Metaphern, Allegorien, Kosmologie, Religion, Mythologie und anderes mehr. Unter diesen Ausdrucksmitteln hebt sich der spirituelle Diskurs als geeignetes Medium hervor. Er verbindet Immanentes und Transzendentales.

Allen gestellten Fragen voran steht das Problem: Wie komme ich überhaupt dahin, eine Antwort zu finden?

Horche in dich hinein!
Der Mensch verfügt über die Wahrheit, genauer, über die Fähigkeit, die Wahrheit zu erkennen. Sie ist in ihm angelegt. Wie ein verborgener Schatz soll sie im Innern des Menschen selbst gesucht und entdeckt werden. In dem Maße, wie das Bewußtsein verschüttet ist, verschwindet die Sensibilität für die Wahrheit unter Schichten von Anlagerungen. Bewußtseinsschutt soll vorab abgetragen werden. Das Selbst wird befreit. Man gelangt so zum Mikrokosmos, zu sich selbst. Die Selbsterkenntnis ist die Voraussetzung einer jeden wahren Erkenntnis.
„Klopfe an dir selbst wie an einer Tür an. Tritt ein in dich selbst. Zünde das Licht an, das in dir ist. Schreite voran wie auf einem geraden Weg. Gehst du diesen Weg, dann ist es unmöglich, in die Irre zu gehen“.[40]
Harre vor deiner Tür, bis sie sich öffnet und du das Wunder des Mikrokosmos erlebst.

„Licht“, „Erleuchtung“, „Intuition“, „Eingebung“, „Offenbarung“ sind Wege der Erkenntnis. Es sind keine empirischen Größen, gleichwohl erfahrbare Erlebnisse. Zum Erwerb einer spirituellen Erkenntnis gehören eine spirituelle Schule, spirituelle Lehrmeister und eine programmatische Schulung.

Die Gnosis war und ist keine esoterische Bewegung. Sie arbeitet öffentlich. Ihre Lehren sind allen Interessierten zugänglich. Ihre weltanschaulichen Ansichten sind allen zugänglich, die danach verlangen. Die Gnosis pflegte weltliche Wissenschaften und betreute sie sorgfältig.
Das Besondere an der Gnosis ist die Tatsache, daß sie nicht vor der materiellen Welt und dem Materialismus kapituliert. Sie hält an der spirituellen Dimension fest. Spiritualität ist in der Gnosis höher geschätzt als der Materialismus.

---

40 Aus dem Brief an Silvanos (Silwanos), NH, VII, 2, 4; NHL, 390.

Gnostische Bildung und Pädagogik lehren: Auf dem Weg zu dir selbst gelangst du zur Selbsterkenntnis und zur Wahrheitserkenntnis. Zwei Begriffe stehen im Mittelpunkt der gnostischen Lehre: „Erkenntnis“ und „Erlösung“.

1. Erlösung

Die Notwendigkeit der Erlösung ergibt sich aus der Existenz des „Bösen“ in der Welt.

Das Problem – Die Realität des Bösen in der Welt

1. Der Mensch bewohnt die Erde und trägt damit die Verantwortung für alles, was auf dem Globus und von ihm aus geschieht. Kein Mensch lebt außerhalb der Welt oder der Verantwortung.
2. Die Welt wird zerstört. Die Menschen werden unterdrückt. Die sozialen Beziehungen sind konfliktreich. Verfall von Moral, Aufrichtigkeit und Wahrhaftigkeit breitet sich aus.
3. Mit dem Aufstieg des Römischen Reiches zur Weltmacht wurde Maʿat zerschlagen. Gewalt und Unterdrückung dominieren. Ungerechtigkeit herrscht.
4. Die Herrschaftsformen beeinflussen die sozialen Beziehungen. Die Liebe unter den Menschen ist gering und eigennützig. Egoismus nimmt zu, Selbstlosigkeit und Altruismus lassen nach.
5. Im Pharaonenreich hat es kein Geld und keine Geldwirtschaft gegeben. Erst unter den Ptolemäern und stärker unter den Römern verbreiten sich monetäre Tauschbeziehungen. Der Zins wird eingeführt. Aus dem Ptolemäerreich lesen wir ein Dokument, nach dem eine Frau, die infolge von Zins ihre Schulden nicht zahlen konnte, sich selber an den Gläubiger verkaufen mußte, um ihre Schulden zu tilgen.
6. Warenbeziehungen, Geldwirtschaft und Zins bringen die unvermeidlichen Folgen mit sich. Die Krisenhaftigkeit der Entwicklung bestimmt die sozialen Beziehungen und die zwischenmenschliche Kommunikation. Unsicherheit und Angst

verbreiten sich. Die politische und wirtschaftliche Krise schlägt in eine soziale um.

7. Eine Oligarchie herrscht. Eine Minderheit bereichert sich. Die Mehrheit wird immer ärmer.
8. Die Schöpfung wird zerstört.
9. Der Mensch, zum Ebenbild Gottes erschaffen, ist korrumpierbar und korrupt geworden.
10. Das Volk leidet. Nicht Wohlergehen, sondern Krankheiten und Elend breiten sich aus.
11. Was tun?

Die Frage der Erlösung ist also gekoppelt an das Vorhandensein des „Bösen" in der Welt. Damit stellt sich das Problem nach der Herkunft des Bösen und der Theodizee, der Verantwortung Gottes für das Böse. Auch die Gnosis geht von der Unvereinbarkeit des gütigen Gottes mit dem Bösen aus und liefert dafür den Typus „Demiurg". Er ist ein Abfall aus Gott, dem Guten. Demiurg ist zum Schöpfergott geworden. Er schuf die Hyle, den Urstoff der Materie in seiner formlosen Gestalt. Der Demiurg steht wie eine Wand zwischen den Menschen und der Gotteserkenntnis. Er bildet gleichsam Dunst und Rauch um die Menschen, die darin verhüllt leben und wie in einem dichten Nebel wandern. Der Demiurg verhindert die Gotteserkenntnis.

Die Lösung des Problems des Bösen ist die Erlösung von dem Bösen.

Erlösung

Die Lösung ist die Erlösung.

Jeder ist verantwortlich. Jeder muß seinen Anteil zur Lösung beitragen. Zu der politischen Frage und der gesellschaftlichen Verantwortung kommt die persönliche hinzu.

Die Zerstörung der Schöpfung – Mensch, Tier, Pflanzen, Leben und Natur – ist Folge der Sündhaftigkeit des Menschen.

Der Verfall in Staat und Gesellschaft verlangt nach einer politischen Lösung. Der Verfall der menschlichen Beziehungen fordert einen

radikalen Bruch mit allen Verhältnissen, welche diesen Verfall verursachen oder begünstigen.
Die spirituelle Antwort lautet Erlösung. Das heißt Schluß mit der sündhaften Welt. Das Individuum vollzieht einen radikalen Bruch mit dem bisherigen Weg und eine spirituelle Neugeburt. Ein neuer Mensch mit neuem Leben löst den alten ab.
Erlösung ist ein theologischer Begriff. Er bedeutet die Erlangung der Gnade Gottes und mit ihr die Befreiung des Menschen von der Sünde und ihrer Sklaverei.
Mit dem Bekenntnis zum Begriff ist noch keine Erlösung erlangt. Das große spirituelle Programm stößt an viele Verständnisprobleme und praktische Schwierigkeiten. Das Ziel ist gut. Dahin muß man erst kommen. Aber wie?

Zum gnostischen Erlösungsverständnis sehr aufschlußreich ist die „Apokalypse des Adam". Die Schrift ist vorchristlich. Adam belehrt seinen Sohn Seth. Unter anderem referiert der Text dreizehn Versionen der Erlösung, die allesamt verworfen werden. In Kontrast zu diesen folgt die Antithese, das gnostische, existentielle Verständnis von Erlösung: Wahrheitserkenntnis wohnt der Generation inne, die frei von Königtum und Herrschaft ist.[41]
Der Erlösungsgedanke ist eine genuin gnostische Lehre. Von der Gnosis kommt er in das Christentum. Beiden Erlösungslehren ist folgendes gemeinsam:

1. Der Mensch ist verfallen. Durch die Erlösung wird er gerettet.
2. Notwendigkeit der Erlösung als Übergang vom Sündenfall zum Heil.
3. Notwendigkeit eines Erlösungshelfers.
4. In beiden Lehren ist der Logos beteiligt.

Gnosis und Christentum haben jedoch zwei unterschiedliche Heilspläne entworfen. Der Unterschied zwischen beiden Lehren ist nicht unwichtig. Die Gnosis kennt keinen Stellvertreter als Erlöser. In der

[41] NHC, V, 5, 82, 19-25.

Gnosis dient der Logos als Vorbild und Anleiter. Im Christentum ist Jesus der Träger des Erlösungsaktes. Christus ist der Erlöser. Dieses Grundverständnis ist der Kern der christlichen Lehre in der Form, wie sie sich durchgesetzt hat. Stellvertretend für den Menschen stirbt Jesus am Kreuz den Sühnetod. Durch Kreuzigung, Tod und Auferstehung Jesu ist das Heil vollbracht.

Bemerkenswert ist die Feststellung, daß der Islam die Erlösungslehre in beiden Varianten verworfen hat. Er ist aus der intensiven Auseinandersetzung mit dem Christentum und der Gnosis hervorgegangen. Der Islam rezipiert vieles von Judentum, Christentum und Gnosis, nicht jedoch die Erlösungslehre, wohl aber die Notwendigkeit der Buße. Der Islam erkennt weder eine Erbsünde noch die Notwendigkeit eines gottmenschlichen Erlösers an. Die Sünde wird durch die „Buße" des Menschen, durch Gottes Barmherzigkeit und den Gnadenakt der Vergebung gelöscht. Der Sündenfall wird durch die Reue Adams unmittelbar getilgt und nicht weitervererbt.[42]
Genau an dieser Stelle greift die Gnosis ein. Erkenntnis ist notwendig. Sie zeigt, wie es weitergeht: „Erlösung durch Erkenntnis".

2. Erkenntnis

Die Erkenntnislehre der Gnosis ist in der Tat eine Revolution im theologischen Denken. Der Mensch erkennt das Problem und entdeckt selbst die Lösung. Er ist vernunftbegabt, erkenntnisfähig, autonom und souverän. Er trägt die volle Verantwortung für das, was er tut. „Erlösung ist ein Erkenntnisvorgang". Durch Erkenntnis entdeckt der Mensch das ihm innewohnende Licht, die Seelenruhe und kehrt zum Heil zurück, aus dem er einst gefallen war.

3. Selbsterkenntnis

Die Erkenntnis ist zuallererst die Selbsterkenntnis. Es ist nicht so, daß die Unwissenheit ursprünglich ist und die Erkenntnis später folgt. Gnostisch betrachtet hat die Unwissenheit die ursprüngliche Erkennt-

[42] Sure 2,37.

nisfähigkeit verschüttet. Das hört sich paradox an. Erst bei tieferer Betrachtung geht der Sinn der Erkenntnislehre auf. Der Mensch ist seinem Wesen nach göttlich und schöpferisch. Das Bewußtsein von seinen göttlichen, schöpferischen Potentialen ist verschüttet.

An dieser Stelle ist es ein Bedürfnis des Verfassers, ein Fazit aus der langen Lehrerfahrung zu berichten. Das Problem der didaktischen Vermittlung von Wissensinhalten ist in weit geringerem Maß der spezifische Inhalt der Unterrichtseinheit selbst. Das mit Abstand größere Problem besteht im Kopf der Adressaten, die fehlprogrammiert in die Vorlesung kommen mit Vorstellungen, welche die Erkenntnissperren und Verstandesbarrieren bilden. Erst sollen die falschen Voraussetzungen überwunden werden, um frei lernen und neue Inhalte aufgeschlossen aufnehmen zu können.
Der Bewußtseinsschutt soll zunächst abgetragen werden, um der Vernunft die Möglichkeit zu geben, sich frei zu entfalten.
Dann – durch die Selbsterkenntnis – erlangt der Mensch die Fähigkeit, wahre Erkenntnisse zu erwerben. Findet der Schritt der Selbsterkenntnis nicht statt, bleibt der Mensch von außen geleitet, manipulierbar, den Verführungen und Irreführungen ausgeliefert.

Die Selbsterkenntnis ist der erste Schritt. Ihm folgt der zweite, die Welterkenntnis, ohne die die Selbsterkenntnis esoterisch bleibt und sich nach innen wendet. Vor der Abkapselung warnt die Gnosis ausdrücklich. Wer das Ganze erkennt, erkennt sich selbst. Wer sich selbst verfehlt, verfehlt das Ganze. Gnostische Schriften zitieren in diesem Zusammenhang sinngemäße Logien aus den Evangelien des Thomas und des Philippus.
Der Absturz des Menschen aus dem Licht (Metapher für Erkenntnis) in die Finsternis (Metapher für Unwissenheit) ist ein Erkenntnisverlust. Dieser Schritt ist rückgängig zu machen, um wieder in das Licht zurückzukehren. Der Mensch war vom Heil gekommen. Er ist gefallen. Der göttliche Funke (Synderesis) in ihm wurde verschüttet.

Das Licht in ihm ist nicht erloschen, sondern wurde verdeckt. Es gilt, dieses zu befreien. Damit gelangt der Mensch wieder zum Heil. Der Prozeß der Erkenntnis ist also nicht nur ein innerer, sondern auch ein äußerer, weltzugewandter Vorgang.
Die Gnosis hat sich in keiner Weise in eine Welt der Metaphysik verirrt. Sie beschreibt die imperiale Herrschaft, ihre Anhänger und Mechanismen treffend. Der Diskurs bleibt nirgends unverständlich:
„Jene, welche der Sucht zur Herrschaft, die ihnen nur für kurze Zeit gegeben ist, verfallen sind, sich aber daraus befreien, den Herrn der Herrlichkeit verherrlichen und ihren Zorn verlassen, werden den Lohn ihrer Demut, der bis in Ewigkeit dauert, empfangen.
Die aber, die wegen der Begierde der Ruhmessucht hochmütig sind, den nur zeitlichen Ruhm lieben und vergessen, daß die Gewalt, mit der sie betraut wurden, sich nur auf die kurze Zeit ihres Lebens beschränkt, (...) sich nicht von dem Zorn und der Angleichung an das Böse befreit haben, diese werden ein Verdammungsurteil für ihre Unwissenheit und ihre Unverständigkeit heimgezahlt bekommen.“[43]

Aus dem Auszug geht unmißverständlich hervor, daß alle im Besitz der Wahlfreiheit sind und daß jeder den Weg seines Begehrens selbst wählt. Die Wahl und die Entscheidung sind an die Unerkenntnis oder Erkenntnis gebunden.
Die Gnosis integriert die Formen des Seins zu einem umfassenden Lebensentwurf. Es gibt keine private Frömmigkeit, die von der Gesellschaft, der Welt oder der Politik abgekoppelt wäre:
„Die Lebenden werden sterben. In was für einem Wahn leben sie denn! Die Reichen sind arm geworden. Die Könige werden gestürzt. Alles verwandelt sich. Eine Scheinwelt ist diese Welt“.[44]

---

43 Tractatus Tripartitus, in: NHC, I, 5, NHD, 86 f.
44 Der Brief an Rheginus, in NHC, I, 4, in: NHD, 51.

4. Lernkontrollen und Persönlichkeitsschutz in der gnostischen Pädagogik

Die Grundsätze der gnostischen Philosophie sind offen, breit und verlangen nach näherer Erläuterung. Die Mitglieder sind auf Anleitung und Führung angewiesen. Die Anleiter müssen angeleitet werden. Die Lehre muß für den praktischen Gebrauch operationabel und praktikabel sein.

Es ist nur logisch, daß rasch verschiedene Strömungen und Fraktionen auf der Basis der Gnosis entstehen. Doch alle sind sich in bezug auf die Notwendigkeit von Erlösung und Erkenntnis einig.

Der Erkenntnisprozeß ist gegen Fehlentwicklungen nicht gefeit. Zum Schutz der Lernenden dienen erfahrene Anleiter.

Höhepunkt der Erkenntnis ist die Selbsterkenntnis, der einzige und unmittelbare Weg zur Erlösung. Ein Stellvertreter-Erlöser ist dem Wesen der Gnosis fremd. Jesus Christus der Gnosis ist von seiner Mission her ein anderer als Jesus Christus des Christentums. In der Gnosis öffnet der Logos den Menschen den Weg zur Erlösung, den sie aber selbst beschreiten müssen, um durch Selbsterkenntnis die Erlösung zu erlangen. Die gnostische Selbsterkenntnis ist die gnostische Antithese zur christlichen Stellvertretererlösung.

„Das ist das wahre Zeugnis: Wenn jemand das Ziel erreicht, sein Selbst und Gott, welcher über der Wahrheit ist, zu erkennen, wird er gerettet und sich krönen mit der unvergänglichen Krone.“[45]

Liest man gnostische Schriften, so ist man immer wieder mit der Erkenntnis als Kernfrage der Gnosis (daher ja auch ihr Name) konfrontiert. Irgendwann stellt man fest, hier liegt offensichtlich ein verborgener Sinn vor, den man bei einer ersten, oberflächlichen Lektüre nicht wahrnimmt. Er geht tiefer, als man beim ersten Eindruck verstanden zu haben glaubt. Man erinnere sich der einleitenden Worte: Suche den verborgenen Sinn! Dann aber gewinnt man eine Sensibilität für die Ernsthaftigkeit der Frage und kann nachvollziehen, welche intensiven Schulungen und innigsten Exerzitien in der

[45] NHL, 454.

Gemeinschaft geübt werden, um Erkenntnis zu gewinnen und sich darin zu vertiefen. Man erkennt aber auch den schrecklichen Dilettantismus, der heute vorherrscht.
Es ist klar, warum die „Erkenntnislehre" in der gesamten gnostischen Literatur dominiert, ja überhaupt, warum sich eine Bewegung „Gnosis" nennt. Es ist auch klar, daß die Frage „Erkenntnis" nicht nur als Theorie im Unterricht behandelt, sondern auch als Praxis geübt wird. Folgendes fassen wir zusammen aus den verschiedenen Schriften, die mir wesentlich erscheinen:

5. Was und wie Erkenntnis

1. Erkenntnis ist ein gemeinschaftliches Lernziel. Der naheliegende Irrtum, es handele sich um einen individuellen Vorgang, trifft nicht zu. Es geht vielmehr um einen kollektiven Erkenntnisprozeß. Der Mensch sei in höchstem Maße gefährdet, wenn er ausschließlich individuell und praxislos Erkenntnisse sammelt.
2. Selbstverständlich machen die gnostischen Brüder und Schwestern persönliche Erkenntnisse. Diese sind ebenso notwendig, sollen aber in die Gemeinschaft eingebracht werden. Es soll zum Erkenntnisaustausch kommen. Die Mitglieder werden ausdrücklich aufgefordert, Erkenntnisse mitzuteilen und zu teilen.
3. Es handelt sich zwar um einen kollektiven Erkenntnisprozeß, der indes einen jeweils individuell unterschiedlichen Ablauf hat. Die Übungen finden sowohl gruppenweise als auch einzeln statt.
4. Der Versuch moderner Autoren, den gnostischen Erkenntnisbegriff zu spiritualisieren oder gar zu esoterisieren, verkennt das Wesen der Gnosis.

Der Leser kann zu diesem Mißverständnis leicht verführt werden. Daher auch die wiederholte Warnung an die Leserschaft, den verborgenen Sinn unterhalb der Oberfläche zu suchen! In der Ursprache der gnostischen Schriften, dem Koptischen (ebenso in der Koine), wird das Wort für „spirituell" (Pneumatikon) aus dem Stamm für Geist (Pneuma) abgeleitet.

In der gnostischen Literatur wird oft die Frage gestellt: Wo sitzt die Erkenntnisfähigkeit, in der Seele oder im Geist? Neben Körper, Seele und Geist besitzt der Mensch noch den Nous, die Vernunft. Jeder Mensch verfügt über alle vier, aber nicht in jedem sind alle vier Dimensionen der menschlichen Struktur aktiv. Das Evangelium nach Maria Magdalena entscheidet direkt: Weder in der Seele noch im Geist. Über die Kompetenz der Erkenntnisfähigkeit verfügt nur der Nous.[46] Das heißt, es handelt sich um einen rationalen Vorgang. Zu beachten ist aber auch, daß „Nous" nicht eine bloße Ratio ist. Der Nous verbindet alle vier Dimensionen der menschlichen Struktur zur Einheit.

5. Die Erkenntnisschritte einzeln zu rekonstruieren ist auf Grund der Materiallage – und freilich des fehlenden Präsenzunterrichts – schwierig. Ein vorrangiges Lernziel ist es jedenfalls, den eigenen Nous und den eigenen Verstand zu entdecken: „Du wirst nie Verstand haben können, wenn du nicht dessen sicher bist, daß du über ihn verfügst. Diesen Grundsatz wirst du in allen Dingen bestätigt finden".[47]
6. Erkenntnis ist ein Erfahrungswert. Die Erfahrungen müssen aber erst reflektiert werden, um einen Erkenntniswert zu gewinnen und zu realisieren. Die Reflexion ist ein gemeinschaftlicher Prozeß.
7. Die Mitteilung über Erkenntnisse ist zugleich ein Austausch von Gnade.
8. Der Gegensatz zum Erkenntnisgewinn ist die Ignoranz. Die Brüder und Schwestern werden aufgefordert, keinem der Mitglieder zu unterstellen, es sei ignorant, es habe keine Erkenntnisse mitzuteilen.
   Beeindruckend hierzu ist die Mahnung eines Lehrmeisters an die Schüler: „Wie kannst du wissen, daß jemand aus dem Kreis der Geschwister ignorant ist, denn du bist selber ein Unwissender,

[46] Evangelium nach Maria Magdalena, NHL, 526.
[47] Sextussprüche, Nummer 333, NHL, 504ff.

wenn du Haß empfindest und eifersüchtig bist, weil du die Gnade nicht empfängst, die in ihnen wohnt?“[48]

9. Erkenntnisreichtum ist wahrer Reichtum. Materieller Reichtum ist Armut. Unwissenheit ist die denkbar größte Verarmung des Menschen.
10 Die Selbsterkenntnis ist wahre Erkenntnis und Gotteserkenntnis. Die monotheistischen Religionen heben auf einen personalen Gott ab, der in der Ferne ist („Unser Vater im Himmel“). Diese Einstellung lenkt den Menschen davon ab, Gott in sich selbst zu suchen.
11. Es zeigt sich aber, daß es wesentlich einfacher ist, Gott in der Ferne zu suchen als in der Nähe. Er ist viel näher, als man denkt. Und wenn man ihn findet, hat man tatsächlich Erkenntnis gewonnen. Offenbar ist für den Menschen der kürzeste Weg schwieriger zu begehen als der fernste. Die Unmittelbarkeit ist unsichtbar. Die Ferne täuscht. Die Verirrten laufen einer Fata Morgana nach, sie sterben auf dem Wege dahin, weil sie den nächstliegenden Weg übersehen.
12. Erkenntnis ist ein emanzipatorischer Prozeß. Wahre Erkenntnis befreit. Die Krönung der Erkenntnis ist die Gewinnung der Freiheit.
13. Selbsterkenntnis ist Selbstverwirklichung.
14. Bei fortgeschrittener Erkenntnis tritt man bereits in das Licht, in das himmlische Reich, auf Erden ein. Die Erleuchtung ist ein glückliches Erlebnis.
15. Das Leben im Licht ist eine Erfahrung: Hier und jetzt!

Die Erkenntnis ist das Gebot. Der Erkenntnisgegenstand ist nirgends eingeschränkt. Die erste Etappe ist die Selbsterkenntnis. Diese ist der Schlüssel zu jeder wahren Erkenntnis. Das ist die Gnosis. Es besteht keine Dogmatik, die definieren soll, was die Themen und die Inhalte dieser Erkenntnis seien: Wenn du den Weg von der Selbsterkenntnis zur uneingeschränkten Erkenntnis beschreitest, dann ist es unmög-

[48] Über die Auslegung der Erkenntnis, NHL, 478.

lich, in die Irre zu gehen, schreibt der Vater an Silvanos. Dem tut es keinen Abbruch, daß die Erkenntnis Gottes und die Erkenntnis des Guten wiederholt betont werden.
Es besteht keine Gefahr, daß die Selbsterkenntnis esoterisch mißverstanden wird: a) Die Gnostiker leben in Gemeinschaften und nicht individuell und schon gar nicht individualistisch. b) Es besteht ständige Kommunikation über die Erlebnisse unter Anleitung eines erprobten Meisters. c) Die Mitglieder tauschen ihre Erkenntnisse und Erfahrungen in der Gruppe und in der Versammlung aus.
Unter Einhaltung dieser Regeln und Absicherungen ist die Gefahr gebannt, daß ein Mitglied der Gemeinschaft sich abkapselt, sich ausschließlich nach innen wendet, sich von der Außenwelt abkoppelt und in ein internes abgeschlossenes System fällt und gefangen bleibt. Wenn Symptome von Rückzug, Isolation und Nachinnenwendung in Erscheinung treten, wird dem Betroffenen sofort geholfen.

Die oben beschriebene Erkenntnis und das Wissen machen frei. Erkenntnis und Wissen sind ihrerseits frei. Darin liegt der Grund für den einzigartigen Aufschwung von Wissenschaft, Literatur und Philosophie in Ägypten während Jahrhunderten gnostischer Kultur. Das war die Zeit, in der die Bibliothek von Alexandrien entstanden ist, die auf ihren Regalen und in ihren Schränken mehr Bücher vereinte als die gesamte übrige Welt.

6. Emanation

In der Frage der Schöpfung vertrat die Gnosis die Emanationslehre. Vom Alten Ägypten über Gnosis und Plotin bis Ibn-Sīnā und den Lauteren Geschwistern wurde die Lehre von der Emanation vertreten, weiterentwickelt, vertieft und differenziert.

Emanation heißt Überströmen. Bei der Gnosis bedeutet „Emanation“, daß aus der Gnadenfülle Gottes schöpferische Energie fließt und alles Seiende zur Existenz hervorbringt. „Nur der Vater ist nicht entstanden“. Ob auch der Logos präexistent oder erste Schöpfung Gottes ist, wird in den einzelnen Schriften unterschiedlich dargelegt. Iḫwān aṣ-Ṣafā' bezeichneten den 'Aql (Nous) als erste Schöpfung Gottes.

Die Emanationslehre ist selbst Teil der Erkenntnistheorie der Gnosis. Bei der menschlichen Vernunft, dem „Nous", wird unmißverständlich dargelegt, daß er durch Ausfließen aus dem göttlichen Nous hervorgegangen ist. Aus dem Plerom des Schöpfers emanierte der Nous. Er, der Nous, ist der Träger der Erkenntnis. Zuweilen wird Erkenntnis selbst als Nous bezeichnet. Wahre Erkenntnis ist göttliche Erkenntnis.

7. Anthropologie

Auch die gnostische Anthropologie hängt mit der Erkenntnistheorie zusammen. Unter allen Lebewesen verfügt nur der Mensch über den Nous.
Das gnostische Menschenbild geht davon aus, daß zwei einander entgegengesetzte Kräfte in jedem Menschen wirksam sind. Die eine treibt ihn zum Guten, Höheren und Edleren, die andere zieht ihn abwärts zu dem Niederen, Irdischen und Tierischen hin. Im Spannungsfeld dieser beiden Kräfte steht jeder Mensch. Der Gnostiker lernt es auf seinen ersten Schulungskursen, das Fleischliche in ihm und damit das Tierische zu überwinden und das Geistige zu stärken.

Die Anthropologie der Gnosis ist ihrem Weltbild analog. Auch in der Welt befinden sich Gutes und Böses in ständigem Krieg miteinander. Schließlich reflektiert auch das Gottesbild die Dichotomie von Gut und Böse. Dem Gütigen Gott steht der Demiurg entgegen.

8. Einheit contra Dualismus (2)

Es ist das eben dargestellte Menschen-, Welt- und Gottesbild, das der Gnosis das Prädikat des Dualismus eingebracht hat. Solange die Menschen in einer gespaltenen Welt leben, herrscht Dualismus. Davor sollen die Menschen nicht kapitulieren, sondern die Einheit wiederherstellen.

Andererseits besteht „Polarität“, die kein Dualismus ist. Polarität gehört zur Einheit, die stets einen Gegensatz darstellt, wobei die beiden Seiten des Gegensatzes einander anziehen und zugleich abstoßen. Polarität wohnt allen Erscheinungen des Seins inne. Das bedeutet, die Polarität ist absolut, der Dualismus zeitlich gebunden und relativ zu einem Zustand. Daher ist es nicht richtig, von einem gnostischen Dualismus zu reden und ihn mit der Polarität gleichzusetzen (das tun die meisten Autoren).

Für die Qualität „Dualismus“ ist nicht die Polarität maßgeblich, sondern das Ziel: Spaltung, Herrschaft, Unterdrückung, Krieg, Ausbeutung. Die Gnosis ruft ständig zur Einheit auf – mit der Einheit von Leib und Seele beginnend bis zur Überwindung von allen Formen der Spaltung unter den Menschen nach Rängen, Klassen oder Ethnien. Die Gnosis fordert Versöhnung und Gleichstellung aller Menschen. Die Aufforderung zur Einheit umfaßt alle Theorie und Praxis der Gnosis. Die Einheit ist das Wesen der Gnosis. Darin unterscheidet sich die spätere Gnosis nicht von der Ersten Philosophie, der Weisheitslehre Thots.

Dualismus ist nur dann gegeben, wenn eine Weltanschauung sich ihn zum Ziel macht. Beispielhaft ist die Welt von heute: Die Spaltung der Welt in Nord und Süd. Diese Spaltung begründet Reichtum und Armut in der Welt. Sie begründet die Ungerechtigkeit, die inäquivalenten Austauschbeziehungen und die ungleichmäßige Entwicklung. Diese Spaltung ist auch nicht zufällig oder spontan aufgekommen. Sie ist der Inhalt des hegemonialen Anspruchs des Westens und seiner imperialistischen Politik. Der Dualismus manifestiert sich am deutlichsten am Phänomen „Krieg“. Er seinerseits begründet alle anderen Folgen bis hin zum Elend, Ruin und Massentod.

Die Welt, für die die Gnosis eintritt, ist die Realisierung der Einheit des Seins. Daher meine ich, daß die Gnosis im Prinzip keine dualistische Weltanschauung ist, wohl aber eine polare. In Zeiten des

Dualismus – damals das Römische Reich, heute der Imperialismus – steht der Kampf gegen den Dualismus an oberster Stelle der gesellschaftlichen Praxis.

9. „Nous“

Die Gnosis hat den Nousbegriff und die Nousphilosophie nicht erfunden, sondern vorgefunden. „Nous“ war seit einem halben Jahrtausend vor Christus Gegenstand intensiver philosophischer Erörterungen. Bezogen auf die deutsche Sprache kommt der Ausdruck „Vernunft“ dem Koinebegriff „Nous“ am nächsten. Er ist ein zentraler Fachbegriff der Gnosis. Seine richtige Interpretation ist unerläßlich für den Einstieg in die Denkwelt der Gnosis. Sie hat ihn nicht eingeführt, ihm aber eine besondere Prägung verliehen.
Nous ist die erkenntnistragende Struktur des Menschen. Der Nous ist dem Ursprung nach göttlich, entstanden durch Überströmen der Gnadenfülle Gottes.

Auf das gesamte gnostische Schrifttum bezogen wird der Nousbegriff nicht eng gefaßt. Vereinzelte gnostische Schriften dehnen die Zuständigkeit des Nous aus. Die Addition verschiedener Definitionen und Kompetenzen des Nous ergibt eine Vielfalt unterschiedlicher Bedeutungen. Fragen nach dem Sitz des Nous beim Menschen und ob er mit der Seele oder dem Geist identisch ist, waren in gnostischen Kreisen oft und heftig diskutiert. Schließlich wurde der Nous gegenüber Seele und Geist verselbständigt.
Indes soll die Vieldeutigkeit des Begriffes Nous keinen Grund zu Mißssverständnissen geben, denn unter allen Autoren herrscht Konsens, daß der Nous die Erkenntnisfähigkeit des Menschen realisiert. Im weiteren wird der Nous gleich Erkenntnis bzw. Vernunft gesetzt. Der Nous ist die Vernunft und der Verstand des Menschen.
Da der Nous auch göttlich und göttlichen Ursprungs ist, bleibt die Frage offen, wo destruktive Erkenntnisse, die zum Schaden der Menschen führen, entstehen.

Eine ganz andere Frage ist der Versuch moderner Autoren, den gnostischen Nousbegriff aus der Mythologie zu erklären. Hierbei handelt es sich eher um ein hermeneutisches Problem.
Bereits die Wortprägung läßt sich nur aus einer vernunftmäßigen Betrachtung der Wirklichkeit herleiten. Nous bezeichnet also die rationale Erkenntnis, genauer, die Fähigkeit zur rationalen Erkenntnis. Da, wo diese Fähigkeit zu lokalisieren ist, gehen die Quellen auseinander. Sicher wird der Ort des Nous nicht organisch reduziert, aber jeder Mensch verfügt über „Nous". Die Lauteren Geschwister lösen das Problem in der Weise, daß sie eine universelle Vernunft (ʿAql kullī), aus der die individuelle Vernunft (ʿAql guz'ī) hervorgeht, postulieren. Somit verbinden sie die geistige kollektive Vernunft, die an keine organische Struktur gebunden ist, mit der persönlichen Vernunft, über die jeder einzelne Mensch verfügt und die an eine organische Struktur gebunden ist: dem Zentralnervensystem mit der Großhirnrinde, dem Kortex mit seinen grauen Zellen, die ihre Mission mit dem Tod des Individuums beenden.

In der gnostischen Literatur wird dem Nous breiteste Schreibfläche eingeräumt, um die Komplexität der Noustheorie vermitteln zu können. Die zeitlich und ansatztheoretisch sehr unterschiedlichen gnostischen Schriften sind in ihren Anschauungen nicht einheitlich. Auf der anderen Seite stellen wir Kontinuitäten im Denken fest, die sich von der Thotschen Philosophie über die Gnosis bis Iḫwān aṣ-Ṣafāʾ fortpflanzen.
Wir fassen die wesentlichen Thesen zusammen:
1. „Nous" ist eine göttliche und menschliche Größe.
2. Die Gnosis, Plotin und das Christentum setzen den göttlichen Nous gleich „Logos", synonym: „Sohn des Vaters (der Wahrheit)".
3. Nous ist schöpferisch. Nicht nur bei Gott, sondern auch bei den Menschen ist Nous schöpferisch.
4. Unter allen Lebewesen ist nur der Mensch mit Nous ausgestattet. Daher ist er zur Erkenntnis der materiellen und spirituellen Wirklichkeit und zur Selbsterkenntnis befähigt.

5. Kraft des Nous geht Potentielles in Seiendes über: Das real existierende Sein war im Nous potentiell präexistent. Das potentiell Vorhandene erlangt zur geeigneten Zeit eine realisierte Existenz.

Bei den klassischen Schulen von Thot über die Gnosis bis Iḫwān aṣ-Ṣafā᾽ wird die spirituelle Dimension nie von der rationalen abgekoppelt und getrennt. Viele moderne Autoren heben auf das Spirituelle ab und verdrängen den rationalen Kern. Somit verlieren sie sich in mythologischen Theoremen. Schließlich verkennen sie den vernunftmäßigen, rationalen Kern der gnostischen Philosophie.

Die Erkenntnisfähigkeit des Menschen grenzt an seine materiell gebundene Existenzweise. Vermittels seiner vom materiellen Substrat, dem Zentralnervensystem, getragenen intellektuellen Fähigkeiten verfügt der Mensch über die Möglichkeit, Erfahrungen zu machen, zu reflektieren und dadurch Erkenntnisse zu sammeln, die sich verdichten zu der „Vernunft“, dem „Nous“. Der Nous öffnet dem Menschen den Weg zur immanenten und transzendentalen Erkenntnis. Während sich der Materialismus an die Grenzen der sinnlichen Wahrnehmung und ihre rationale Aufbereitung hält, zuweilen sogar alles darüber Hinausgehende als Spekulation negiert und verwirft, bemühen sich andere Philosophien und Religionen, darunter die Gnosis, darum, die transzendentale Realität zu erschließen. Sie stellen zwischen dem immanenten und dem transzendentalen Sein eine Verbindung her. Der konstruierte Widerspruch zwischen Rationalem und Spirituellem wird aufgelöst.

10. Gnosis – Eine Vernunftsphilosophie

Man sieht also, daß die Gnosis eine hochgradig entwickelte Erkenntnistheorie liefert. Die Betonung der Erkenntnis und ihre zentrale Stellung in der gnostischen Lehre führen zum „Primat der Vernunft“. Seit Thot, dem Weisen, ist die Vernunft der Drehpunkt des philosophischen Denkens in Ägypten. Nun fehlt sie auch in keiner Schrift der Gnosis. Vernunft und Nous sind synonym.

Eindrucksvoll kommt die Bedeutung der Vernunftorientierung von Gnostikern seit Aufnahme ihrer ersten gnostischen Schulung in dem Brief an Silvanos zum Ausdruck. Der Beitrag wählte die literarische Form eines Briefes des Vaters an seinen Sohn Silvanos. Aus orthodoxer Sicht ist dieses Schreiben völlig unbedenklich. Nachdrücklich empfiehlt der Verfasser die Hinwendung zum Rationalismus und die Orientierung am eigenen Verstand. Sowohl darin als auch mit Hinblick auf die Bedeutung der Ethik für Intellektuelle erinnert der Gedankengang an den Stoismus. „Deine Waffe ist deine Vernunft als leitendes Prinzip, deine Soldaten sind die Worte, deine Kommandeure sind die Argumente".[49] „Beende den Schlaf, welcher über dir lastet".[50] Jesus und die Vernunft gehören zusammen. „Nicht müde werden, wenn du an das Tor der Vernunft anklopfst. Höre nicht auf, auf dem Weg des Christus zu wandeln".[51] Jesus ist das Vorbild eines jeden Gnostikers.
In der Literatur wird die Gnosis zu oft und zu einseitig spiritualisiert, mystifiziert, als Geheimlehre und Mysterienkult dargestellt. Diese Sichtweise verkennt die ausgeprägte rationale Dimension einer Lehre, welche die „Erkenntnis" und „Selbsterkenntnis" in den Mittelpunkt ihres Interesses stellt. Der wesentliche Unterschied zwischen Gnosis und dem materialistischen Rationalismus besteht darin, daß erstere die Verbindung von Spiritualität und Rationalismus herstellen konnte. Eine unvoreingenommene, vorurteilsfreie Betrachtung der Gnosis muß zu der Feststellung gelangen, daß die Gnosis in höchstem Maß der Vernunft verpflichtet ist, diese aber mit allen anderen Dimensionen des Seins, einschließlich des Immateriellen, verbindet.

Mit ihrer Erkenntnistheorie leitete die Gnosis eine neue Ära des Rationalismus ein. Sie erfand das „Buch" als tragendes Medium der Wissenschaft, Philosophie, Weltanschauung und Religion. Sie legte großen Wert darauf, Lesen und Schreiben zu verbreiten. Ihre Schriften sind ein unüberhörbarer, praktischer Appell zur Be-

[49] NHL, 381.
[50] NHL, 383.
[51] NHL, 388f.

kämpfung des Analphabetismus, sowohl des absoluten als auch des funktionalen Analphabetismus. Exemplarisch für die Verpflichtung zur Erlernung und Beherrschung der Lese-Schreib-Technik ist die gnostische Schrift: X Marsanes, NHL, 461.

11. Gnostische Frömmigkeit

Im historischen Kontext betrachtet galt die Gnosis als ein Lebensideal. Die Verwendung des Ausdrucks – stets in positivem Sinn – war kein Monopol der Gnosis. Man mußte kein Anhänger dieser Bewegung sein, um sich als „Gnostiker" zu bezeichnen. Es galt als eine große Laudatio, einen Menschen als Gnostiker zu loben, ohne ihn dabei mit einer bestimmten Konfession identifizieren zu wollen. In diesem Sinn spricht Klemens von Alexandrien über den Gnostiker wie folgt:

„Der Gnostiker ist derjenige, welcher Gott soweit wie möglich nachahmt, seinem Bild und seiner Ähnlichkeit gerecht wird, der nichts unterläßt hinsichtlich der ihm zu Gebote stehenden Ähnlichkeit mit Gott, der sich stets beherrscht, der sich geduldet, der einen gerechten Lebenswandel führt, der Herr seiner Leidenschaften ist, der sein Eigentum vergibt, soweit es ihm möglich ist, der Wohltäter ist dem Wort und der Tat nach".[52]

Das Gnostiker-Sein ist die vorbildliche Lebensweise. Auch wenn Clemens Alexandrinus an dieser Stelle nicht Anhänger der Gnosis im organisierten Sinne meint, so macht der Text doch klar, welcher Anspruch an jemanden gestellt wird, der ein Gnostiker sein will und wie es als ehrenhaft galt, „Gnostiker" zu sein. Dieses hohe Ideal war es, welches Kirchenväter wie Klemens veranlaßte, der Gnosis den alleinigen Anspruch auf den Titel streitig machen zu wollen. Er grenzte die christliche Gnosis gegen eine häretische ab.

Den jungen Gnostikern wurden Bescheidenheit, Demut und Toleranz gegenüber Andersdenkenden, ohne die eigene Position aufzugeben,

---

52 Klemens von Alexandrien, Stromateis, deutscher Text zitiert nach: Quintern – Ramahi, Qarmaṭen und Iḫwān aṣ-Ṣafā', Hamburg 2006, S. 108 mit Fußnote 198. Hier allerdings beziehen die Autoren „Gnostiker" auf die Anhänger der gnostischen Bewegung.

empfohlen. Als hohe Werte wurden ihnen Prinzipienfestigkeit bei gleichzeitiger Aufgeschlossenheit und Offenheit eindringlich angeraten: „Sei nicht überheblich gegenüber einer guten Meinung, nimm aber die Haltung der Göttlichkeit der Vernunft an“.[53]

Die Gnosis lehnte sich gegen das christliche Dogma von der „Auferstehung des Fleisches“ auf. Sie wird nicht auf das Jüngste Gericht vertagt, sondern unmittelbar verstanden, hier und jetzt, so das Evangelium der Wahrheit im Brief an Rheginus und später bei Iḫwān aṣ-Ṣafāʾ.

In den gnostischen Gemeinden wurde auch eine Reihe von Fragen heftig diskutiert, wie der nicht namentlich genannte Verfasser des Briefes an Rheginus zu erkennen gibt. Zu diesen zählt das Verhältnis von Vergänglichkeit, Gegenwärtigkeit und Ewigkeit in bezug auf Verheißungen.

Es versteht sich, daß bei gewissen schwierigen Fragen keine einheitliche Auffassung herrschen kann. Die Gnosis war auch nicht bestrebt, Dogmen eines zentralen Lehramtes für allgemeingültig zu erklären. In weitem Toleranzbereich galt eine Vielfalt von Meinungen.

Wie im Christentum hat auch eine gnostische Fraktion Verheißungen auf Auferstehung und ewiges Leben vertreten.

Hingegen war eine radikale gnostische Fraktion bestrebt, in allem gegen den Futurismus und für eine existentielle Interpretation – hier und jetzt – einzutreten. Die Realisierung von Verheißungen soll von der Zukunft in die Gegenwart herbeigeholt werden.

Der Streit um „Gegenwärtigkeit“ oder „Futurismus“ hielt lange an und war nie endgültig entschieden. Er wurde allerdings nur als eine Meinungsdifferenz behandelt, die in den Gemeinschaften brüderlich ausgetragen war. Es gab auch Lehrmeister, die sich nicht auf die eine oder die andere Position festlegen wollten.

Zu den großen gnostischen Tugenden gehören die Verachtung weltlichen Ruhmes und materieller Reize. Bezeichnendes Merkmal

[53] NHL, 384.

gnostischer Frömmigkeit und Lebenseinstellung sind der Verzicht oder gar die Verachtung von Waren- und Geldreichtum: „Denn der Genuß dieser Welt ist trügerisch, ihr Gold und Silber sind eine verführerische Falle“.[54]

In den authentischen gnostischen Texten wiederholt sich die Aufforderung nach Einheit von „Körper und Seele“ (z.B. im Brief an Rheginus). Der Körper ist vergänglich, die Seele ewig. Nur letztere wird auferweckt zur Ewigkeit.
Die Gnosis legte Wert auf Askese mit dem Ziel, die Begierde zu schwächen und die Seele zu stärken.
Mahnungen, Gutes zu tun und Schlechtes zu unterlassen, fehlen nie. Paränesen mit Laster- und Tugendkatalogen nehmen in der gnostischen Literatur breiten Raum ein und verleihen ihr eine betont ethische Prägung. Zur Orientierung der Mitglieder gehören intellektuelle Unterrichtseinheiten und praktische Weisungen immer zusammen. Hierbei führt die Gnosis Prinzipien des Stoismus fort, doch tragen sie bezeichnende gnostische Akzente. Das Idealbild des Gnostikers ist geprägt durch eine ausgereifte erkenntnistheoretische Fundierung, die aber an tugendhafter Lebensweise und an Verhaltensregeln konkretisiert ist. Der ethische Diskurs ist grundsätzlich stets mit den Themen Erkenntnis und Selbsterkenntnis verbunden.

12. Das Leben in einer gnostischen Gemeinschaft

Aus den verstreuten Werken über und gegen die Gnosis, vor allem aber aus ihrer eigenen Darstellung, lassen sich einige wichtige Aspekte vom Leben in der gnostischen Gemeinschaft ermitteln. Sowohl in ihrem internen Verband als auch in der Öffentlichkeit zeichneten sich Gnostiker durch hochgradig ethisch orientiertes Verhalten aus, weshalb es auch ihren christlichen Gegnern schwer fiel, sie zu kritisieren. Im Inneren lebten sie in geschwisterlichen Gemeinschaften, wo die Frauen ebenso integriert, gleichberechtigt und geachtet waren wie ihre männlichen Brüder. Den Mitgliedern war ein anspruchsvolles

[54] Dialog des Erlösers, NHC, III, 5, 141, 69-70; NHD, 395.

Qualifikationsprogramm auferlegt. Sie schulten sich gründlich in Lehre und Theorie. Sie übten sich in Askese. Es handelte sich aber weder um weltabgeschiedene Frömmigkeit noch um von der Welt abgeschnittene Klöster. Die Mitglieder bereiteten sich auf die Praxis in den Missionsfeldern, in die sie entsandt wurden, vor, wenn sie hinreichende Kompetenz erworben hatten.
Die gnostische Suche nach Wahrheit ist untrennbar verflochten mit Werten und der Einhaltung von ethisch betonten Lebensprinzipien. Das gnostische Zusammenleben wird im „Zweiten Logos des großen Seth“ eindrucksvoll beschrieben und weiterempfohlen als eine Gemeinschaft der reinen Freude, der Freunde des Guten, des Friedens, der Harmonie von Lehre und Handeln, der erkennenden Weisheit und des ewigen Lebens.[55]

Wie andere Gemeinschaften begründen auch die Gnostiker ihre Lebenseinstellungen durch entsprechende Ideen. Die Theorie geht in praktische Philosophie über, wird didaktisch vermittelt und praktisch geübt.
Rückkehrer aus dem Außendienst und den Missionsgebieten berichten über ihre Erlebnisse. Diese Erfahrungen werden diskutiert, reflektiert und tragen zur Weiterentwicklung der Theorie entschieden bei. Erfahrungen dienen aber auch zur Weiterentwicklung der Mitglieder.

Nicht nur der missionarische Dienst, sondern auch das Alltagsleben der Mitglieder sind Gegenstand von Reflexion unter gnostischer Sichtweise. Die reale Erfahrung, welche die Menschen durch ihre wirkliche Geschichte machen, bildet die Basis der Erkenntnis, der Gnosis. Wenn man im öffentlichen Leben mit Ungerechtigkeit und Gewalt konfrontiert ist, dann ist es klar, daß die Verhältnisse auf dem Irrweg sind. Man sucht nach einem Erklärungstheorem.
Die Gnosis sagt das A und schreitet konsequent zum nächsten Schritt über, zum P, zur Praxis. Selbst die Gegner der Gnosis, z.B. die Autoren des Neuen Testaments, mußten den unermüdlichen Einsatz

[55] NHL, 369.

von Anhängern der Gnosis und ihre Erfolge auf dem Missionsfeld anerkennen. Den Durchbruch verdanken die Gnostiker der Übereinstimmung von Lehre und Praxis, Erkenntnis und Handeln. Sie verkündeten ihre Lehre und gewannen durch ihr persönliches Beispiel Glaubwürdigkeit. Ihr Vorbild motivierte zur Nachahmung. Sie lebten bescheiden und taten ihren Dienst ohne Anspruch auf Entgelt. Aus der Position der moralisch verpflichteten Gnosis heraus konnten ihre Vertreter Kritik am christlichen Klerus üben: Die „Apokalypse des Petrus" wirft den Bischöfen und Diakonen vor, „Geschäfte im Namen des Erlösers" zu tun.[56]

In der Gnosis wurde der Stellenwert der Askese überspitzt aufgefaßt. Sie sei das Mittel zur Schwächung des Fleisches und Stärkung des Pneuma. Wenn Paulus, der ja selbst wirklich nicht anspruchsvoll lebte, den Gnostikern harte Askese vorwirft, dann kann man sich eine Vorstellung vom Grad ihrer Entbehrungen machen. Die Gnostiker haben von ihrer Abstinenz nicht gelassen, sondern umgekehrt. Sie steckten die christliche Konkurrenz an. Von ihnen hat das Christentum, insbesondere das Mönchstum, die asketische Lebensweise mit Entsagung und Fasten übernommen.

13. Die Frau in der Gnosis

„Vollkommener Verstand" ist die Isis. Sie tritt hier nicht als Stellvertreterin, sondern als repräsentativ für alle Frauen auf.

Den Bedarf, die Frau in der Gnosis zu thematisieren, hat nicht die Gnosis gestellt. Vielmehr rührt er aus der Widersprüchlichkeit unserer eigenen Gesellschaft heute, welche auf Dualismus und Spaltungen basiert. Sie diskriminiert Menschen nach Geschlechtern, Hautfarbe, Ethnien und Religionszugehörigkeit.

Für die Gnosis hat es keine Frauenfrage gegeben. Die Frau stand in hohem Ansehen. Die Ehrenstellung, die Maria Magdalena im Urchristentum besaß, lebte in der Gnosis weiter. Sie ist Trägerin von Überlieferungen Jesu. Ihr ist ein Evangelium gewidmet. Auch in anderen gnostischen Evangelien kommt sie zu großen Würden,

[56] NHL, 375.

unter anderem als diejenige, die von Jesus Offenbarungen empfängt und weiter vermittelt.

Der Spruch 114 im Thomasevangelium ist apokryph. Er ist singulär. Nirgends liefert die gnostische Literatur eine Parallele. Es ist zu offensichtlich, daß ein Abschreiber ihn an den Schluß des Textes gesetzt hat, ohne daß er dafür legitimiert wurde und ohne daß er damit eine gnostische Meinung wiedergibt.

14. Der „Mythos" in der gnostischen Literatur

Der Mythos hat in der Gnosis eine rationale Funktion. Er greift dort ein, wo die realistische Sprache nichts mehr hergibt. Mythologie ist weder eine absurde Einbildung noch eine abstruse Flucht in die Irrationalität. Sie dient vielmehr dazu, Aspekte darzustellen, die in die Gesamtsystematik eingebettet sind.
Beispiele: Schöpfungsmythos, Mythen zur Herkunft des Menschen, über den Abfall eines göttlichen Funkens. Auch die Herkunft des Bösen wird durch eine komplexe Mythologie und Metaphern abgeleitet. Die Bilder vermitteln eine tiefe Sensibilität für das Böse und seine fatale Rolle in der Welt. Daraus folgt die Konsequenz, es überwinden zu müssen. Die Überwindung des Bösen, die Praxis des Guten, sind die Wege zur Erlangung des Heils.

Gnostische Mythen sind keine Sagen analog solchen des Alten Testaments. Sie sind aber ätiologische Darlegungen, die bestimmten realen Phänomenen eine plausible Entstehungsgeschichte verleihen wollen. Stets sind die Mythen in die Kosmologie eingebettet. Sie führen zum Erkenntnisziel der Einheit, von der das Sein und die Menschen herkommen und auf die sie zusteuern. Übeltat lohnt nicht, Wohltat währt.
Beispielhaft ist die Kosmogonie. Auf die Einzelheiten kommt es dabei nicht an, sondern auf das Wesentliche: Das Sein ist aus dem Einen hervorgegangen, auf daß sich Alles in Einem und Eines in Allem hält.

Bemerkenswert ist die Feststellung, daß die gnostischen Mythen sich vor dem Eintritt des Menschen in die Zeit abspielen. Mit der Erschaffung der materiellen Welt verschwindet die Mythologie. Es handelt sich also mehr um Kosmogonie als um Mythologie. Es ist ein Paradoxon, daß sich gerade durch die Mythen die Rationalität der Gnosis erhärtet. Mit dem Auftritt des Menschen auf der Weltbühne spielen Mythen keine Rolle mehr. Der Geschichtsprozeß läuft mythenfrei ab. Er gehorcht ausschließlich historischen Gesetzmäßigkeiten. Die Welt liegt in der Verantwortung des Menschen.
Durch die Einbettung des Menschen in die Kosmologie und in die Einheit des Seins ist es möglich, den Menschen in seiner übermateriellen Dimension zu sehen. Das Menschenbild erschöpft sich nicht in Anatomie, Biochemie, Physiologie und Ökonomie. Menschsein ist mehr.
Beachtenswert ist die Verbindung von Mythischem und Rationalem. Das ist in der Gnosis hervorragend gelungen. In allem behält die menschliche Erkenntnis oberste Hoheit. Sie ist rational.

Das Schöpferische, Göttliche, wohnt allen Lebenden und allen Dingen inne. Gleichwohl ist niemand und kein Ding immun gegen den Abfall. Der Gegensatz von „Gut“ und „Böse“ und die Notwendigkeit der Überwindung des Bösen durch das Gute nehmen in der gnostischen Literatur breiten Raum ein. Der Diskurs bleibt nicht auf der abstrakten Ebene stehen, sondern leitet zum Verhalten über. In den gnostischen Gemeinschaften praktizieren die Mitglieder gnostische Ideale und ethische Werte.

15. Kultur in der Ära der Gnosis

Das Zeitalter der Gnosis brachte einen großen Aufschwung von Kultur und Wissenschaft. Die Kultur läßt sich nur als integrierte Vielfalt verstehen: Sprache, Schrift, Philosophie, Ethik, Wissenschaft, Kunst und Werte. Die Gnosis schuf die geistigen Voraussetzungen zur Entfaltung der Kultur.

Gnosis – Die Erfinderin des Buchwesens

In den Schatten der tiefgreifenden gnostischen Theologie und ihrer fundamentalen Philosophie verdrängt werden die großartigen Leistungen der Gnosis auf kulturhistorischem Gebiet. Die Gnostiker sind die Erfinder des „Buches" als Medium der Vermittlung von Wissen und Erkenntnis. Die Bibliothek von Naǧʿ Ḥammādī umfaßt die ältesten Bücher der Weltliteratur überhaupt. Zuvor existierten keine Bücher, sondern nur Schriftrollen.
Zur Buchkultur gehört die entsprechende Infrastruktur. Gnostiker setzten sich fleißig dafür ein, Lese- und Schreibkundigkeit in die breite Bevölkerung zu bringen. Im dritten und vierten Jahrhundert muß die Alphabetisierungsrate sehr hoch gewesen sein. Mit großer Freude übten die Menschen die Lesekultur aus.

Die Gnosis stellte einen Kanon zur Schulung ihrer Anhänger und Sympathisanten auf. Die Bücher wurden mit großem Enthusiasmus gelesen. Die Kirchenväter in Ägypten mußten zusehen, wie auch Christen gern lasen. Diese aber nahmen sich die gnostische Literatur vor, da die Kirche kein analoges Angebot hatte. Erst im letzten Drittel des vierten Jahrhunderts sah sich Athanasios von Alexandrien veranlaßt, einen christlichen Kanon aufzustellen.

Der ägyptische Papst bestimmte alljährlich den Termin des Osterfestes für die gesamte Ökumene. Aus diesem Anlaß gab er den Osterbrief heraus. Außer dem Ostertermin enthielten die Briefe wichtige kanonische Entscheidungen von ökumenischer Bedeutung. Im Osterbrief des Athanasios aus dem Jahr 367 wird zum ersten

Mal ein Verzeichnis der von der Kirche anerkannten Bibelschriften herausgegeben. Daraus ist „Die Heilige Schrift – Die Bibel“ in ihrer in etwa heute noch gültigen Zusammensetzung entstanden.

Wie sehr die Gnosis sowohl in Grundfragen als auch im Detail das Christentum beeinflußt hat, wie viel die Menschheit der Gnosis auf der einen Seite schuldet, auf der anderen welches Bild von der Gnosis geherrscht hat und noch besteht, sind Aspekte des paradoxen Denkens.

16. Koptische Kunst der Gnosisära

Übersicht

Einleitung
Mumienporträts
Maltechnik
Enkaustik

Das Totenzeremoniell der Gnosis

- Die Porträt-Kunst der Gnosis.
- Die Beziehung der Mumienporträts zur Gnosis.
- Die Beziehung zwischen den Mumienporträts und der Gnosis nach formalen Anhaltspunkten.

Anthropologie, Menschenbild und Kunst der Gnosis nach inhaltlichen Aspekten

- Kommunikative Bilddarstellung
- Die Begegnung der Lebenden mit der verstorbenen Person ist eine Begegnung von Antlitz zu Antlitz
- Augen – Ein Hauptorgan der Kommunikation – Der Augenkontakt
- Philosophie und Kunst der Gnosis sind identisch
- Das Menschenbild nach der gnostischen Ästhetik
- Existentielle Prinzipien der Gnosis nach den Mumienporträts
- Die menschliche Kommunikation wird durch den Tod nicht abgerissen

Einleitung

Die Koptische Kunst der letzten Jahrhunderte vor und nach der Zeitenwende weist charakteristische Merkmale der Personendarstellung auf. Ihre Entwicklung darf nicht reduktiv kunstgeschichtlich erklärt werden. Sie muß im historischen und philosophischen Kontext gesehen werden.

Unter dem Einfluß der Gnosis erlebte die Kunst einen großen Aufschwung. Basierend auf der langen Entwicklungsgeschichte der ägyptischen Kunst entfalteten sich neue Motive, am deutlichsten erkennbar in der bildhaften Darstellung des Menschen.

Die Anthropologie der Gnosis widerspiegelt sich in der Kunst. Der Mensch wird nicht jenseits bezogen dargestellt, sondern in der Kommunikation mit den Diesseitigen ikonographiert. Das Porträt spricht die Betrachterin und den Betrachter unmittelbar an.
Gut erhalten sind die Mumienporträts. Ihr optimaler Zustand, fast zweitausend Jahre nach ihrer Fertigung, verdanken sie hauptsächlich hochentwickelten Maltechniken. Diesen verdanken wir es, in den Besitz von Primärquellen auch auf dem Gebiet der Kunst zu gelangen.

Mumienporträts
Erhaltene Hauptdokumente gnostischer Kunst sind die Mumienporträts. Erhalten sind sie durch die außerordentlich hochentwickelten Maltechniken der Gnosisära.
Von den Mumienporträts sind über tausend Exemplare ausgegraben worden, die mehrheitlich in gutem bis sehr gutem Zustand erhalten sind.

Maltechnik
Die Mumienporträts stellen in jeder Hinsicht eine kunsthistorische Revolution dar. Das gilt auch für die Techniken, die zur Herstellung der Wunschmalerei speziell entwickelt wurden. Im Detail handelt es sich um die Auswahl der Farbstoffe, ihre Zubereitung und Mischung. Methoden zur Gewährleistung von Festigkeit und Haltbarkeit wurden mit großem Erfolg erprobt. Ferner waren Techniken nötig, welche für die Erzeugung subtiler Effekte, z.B. Lichtglanz und Ausstrahlung, benötigt waren. Die entwickelten Spezialtechniken entsprachen exakt dem Bedarf der gnostischen Maler. Im zweiten und dritten Jhd. n.Ch. wurde die Maltechnik zur Vollendung gebracht. Das bezeugen die erhaltenen Bilder.

Wichtigste Technik war die Enkaustik. Die Farbstoffe wurden auf Leinwand, Holz oder Elfenbein aufgetragen. Der Erhaltungszustand dieser Porträts ist in höchstem Maß eindrucksvoll. Diese Tatsache läßt sich nicht allein auf das trockene Klima (um 50% Luftfeuchtigkeit) Ägyptens und die Einbettung in sandiges Milieu zurückführen. Vielmehr waren die hochentwickelten Maltechniken und die Herstellung des Farbmaterials maßgeblich.

Enkaustik

Die Maler der Gnosis haben die Technik des Einbrennens der Malsubstanzen, insbesondere von Bienenwachs und Gold, zu ihrer Perfektion entwickelt. Offensichtlich lag ihnen sehr viel daran, daß die Porträts nicht nur eindrucksvoll, sondern auch langlebig frisch bleiben. Die Enkaustik ist von großer Beständigkeit und unempfindlich gegenüber Feuchtigkeit.

Die Farbpigmente wurden in heißem Bienenwachs mit kalten Spachteln aufgetragen. Anschließend wurden sie durch Wärmeeinstrahlung eingebrannt. Die Maler verwendeten sie in angemessen warmem Zustand. Durch das besondere Herstellungsverfahren gewannen die Farben Festigkeit und Beständigkeit.

Gold bringt nicht nur Glanz, sondern auch Festigkeit und Haltbarkeit. Es oxidiert nicht. Noch zwei Jahrtausende später bewahrt das Porträt seine Lebendigkeit.

Bis heute konnte die Erforschung der Technikgeschichte nicht die einzelnen Schritte zur Herstellung der Substanzen für die Enkaustik der Gnosisära befriedigend aufschlüsselt werden.

Das Totenzeremoniell der Gnosis

Nach Eintritt des Todes wurde der Verstorbene nicht bald zu Grabe getragen. Er blieb weiterhin in der eigenen Wohnung unter den Lebenden.

Die Gnosis profitierte von der traditionsreichen, hochentwickelten Balsamierungskunst. Sie wurde auch nach der Zeitenwende weiter-

gepflegt und von professionellen Balsamierern ausgeführt. Auf die Waschung des Toten folgen die im einzelnen sehr komplizierten Schritten der Balsamierung (Leerung der Eingeweide, Trocknung des Leichnams usw.). Der Leichnam wird nach bestimmten Regeln eingewickelt und in den nach Maß gefertigten Sarg gebracht. Sein Porträt wird entweder auf Leinwand oder auf Holz gebracht.
Mit Hilfe entomologischer Methoden läßt sich heute noch die Zeit ermitteln, nach der der Sarg mit dem Leichnam oberirdisch gelegen hat, bevor er zum Grab getragen wurde. Nach der Zahl von makrobiotischen- und Insektengenerationen, die sich vermehrt haben, bevor der Sarg unter die Erde getragen wurde, ergibt sich, daß er sechs Jahre unter den Lebenden aufbewahrt wurde. Dieses Ergebnis wird durch die Ablagerung von Staubschichten über dem Sarg bestätigt. Er wurde im Haus, im eigenen Wohnzimmer oder im Schrein aufgebahrt. Der Verstorbene blieb sechs Jahre in der Wohnung – präsent durch den Leichnam und das Porträt. Die Kunst betont die kommunikativen Aspekte. Es besteht eine menschliche Verbindung auch nach dem Tod.
Für die Lebenden hat die scheidende Person ihre Daseinsweise gewechselt; sie ist aber nicht verschwunden. In anderer Form lebt der Mensch nach dem Tod weiter, nicht in der Ferne, sondern unter ihnen.

Dem Verstorbenen – anders als im Alten Ägypten – wird kein Totenbuch beigelegt. Es gibt kein Amduat oder sonstige Texte zur Orientierung im Jenseits. Es gibt auch keine Beigaben, die für die leibliche Versorgung des Toten auf seine Reise in das Jenseits bestimmt sind. Insgesamt handelt es sich um eine angstfreie, aufgeklärte bis rationale Beziehung zum Phänomen „Tod“. Er ist ein natürlicher, selbstverständlicher Aspekt des Lebens. Entscheidend ist nur: Das Leben endet nicht mit dem Tod. Was danach passiert, bleibt im einzelnen unklar. Das ist es eben. Man kann über das Leben nach dem Tod keine empirischen Informationen ermitteln bis auf die Tatsache, daß der Tod irgendwann eintritt. Er ist aber nicht das Ende.

Die Porträt-Kunst der Gnosis

Mit großer Sorgfalt zeichneten die Kunstmaler der Gnosis physiognomische Züge. Sie achteten sehr auf Details.

Der Mensch wird mit seinem Schatten dargestellt. Jedes Wesen, wie der Mensch selbst, wird stets von seinem eigenen Schatten begleitet (hier liegt ein Motiv vor, das u.a. Paula Modersohn von den ägyptischen Porträts übernommen hat), also auch nach dem Tod – im Porträt.

Der Mumiendekor ist geschmackvoll. An keiner Stelle sind Stilbrüche oder gar Kitsch zu sehen. Lange vor der Moderne integrierten die Künstler der Gnosis die einzelnen Farbelemente – Hintergrund und Porträt – ineinander („Orchestrierung").

Entscheidend indes ist die Tatsache, daß die Kunstmaler selber engagierte Gnostiker waren. Sie vermochten es, die Malerei mit den Ideen der Gnosis zu vereinen. Die Kunst wurde durch ihr Menschen- und Weltbild geprägt. Die Fertigung des Porträts ist an sich aussagekräftig.

Der Einsatz aufwendiger, kunstvoller Verfahren und das Engagement führender Meister sind es, die dazu führten, daß die Porträts Kunst, Anthropologie und Philosophie integrieren konnten. Die Porträts stellen Individuen dar und betonen, wie sehr die Person in der Gnosis zählte und wie hoch der Mensch als Einzelner und in der Gemeinschaft geschätzt war.

Die Beziehung der Mumienporträts zur Gnosis

Im Unterschied zum Alten Ägypten tragen die Mumienporträts keine Texte, die Rückschlüsse zur geschichtlichen Einordnung, zur Identifizierung des Toten und seiner Stellung in der Gesellschaft beitragen könnten. Der Grund dafür dürfte darin liegen, daß der Verstorbene – nach dem Tod – weiterhin im vertrauten Kreis seiner Angehörigen aufgebahrt war. Sie kannten ihn und waren auf keine Informationen über ihn angewiesen. Daß die Mumienporträts in Beziehung zur Gnosis gebracht werden, beruht also nicht auf direkten

Textzeugnissen. Wir sind auf indirekte Indizien angewiesen, um die Mumienporträts in ihren historischen Kontext einzuordnen.

Die Beziehung zwischen den Mumienporträts und der Gnosis nach formalen Anhaltspunkten

Die Mumienporträts stammen aus einer geographisch und zeitlich scharf begrenzten Dimension. Räumlich liegt sie in Oberägypten und erstreckt sich von Achmim im Süden bis Fayyum im Norden. Zeitlich datieren die Porträts bzw. die dazugehörigen Leichname vom etwa 100 v.Chr. bis kurz nach 300 n.Chr. Das ist exakt die Periode der öffentlichen Wirkung der Gnosis.

Mit dem Sieg der Reichskirche, den konstantinischen Edikten (311-313) und dem Ersten Allgemeinen Konzil von Nikaia (325) beginnt für die Gnosis die schwerste Zeit ihrer Geschichte. Gnostiker werden verfolgt und müssen in den Untergrund ziehen. Die Mumienporträts stellen ein öffentliches Bekenntnis zur Gnosis dar. Nun können sie nicht mehr furchtlos präsentiert werden.

Die Porträts lassen auf ihre soziale Einordnung schließen. Die Verstorbenen zählten weder zu den Ärmsten noch zur herrschenden Klasse noch zur Priesterschaft. Es sind keine Insignien der Macht oder irgendwelche Merkmale einer weltlichen Position festzustellen. Gleichwohl läßt die Darstellung auf mittelständische oder gar wohlhabende Personen schließen. Es fehlen aber auch Zeichen von Überfluß. Andererseits ist die Herstellung der Porträts deutlich aufwendig. Die Verzehrung ist ästhetisch gestaltet. Kranz, Goldblatt und Schmuck kommen vor. Die Personen lassen sich als intellektuelle Frauen und Männer aus wohlhabenden bis gehobenen Schichten erkennen. Das waren gerade die gesellschaftlichen Kreise, die gegenüber der Gnosis besonders aufgeschlossen waren. Indes tragen die Porträts keine Hinweise, die auf asketisches Leben gemäß den Idealen von einem Teil der Gnostiker schließen lassen.

Anthropologie, Menschenbild und Kunst der Gnosis nach inhaltlichen Aspekten

Die Kunst der Gnosis widerspiegelt exakt ihr Menschenbild. Im Mittelpunkt steht der Mensch. Es sind keine Götter, keine mythologischen Figuren und keine Kosmogonie, welche malerisch dargestellt wird, sondern Menschen. Sie erscheinen sowohl in ihrer Individualität als auch in ihrer Kommunikation mit der Gemeinschaft. Die Gnosis und ihre Kunst sind anthropozentrisch.

Die gnostische Kunst stellt Individuen dar. Diese jedoch werden in ihrer Beziehung zur übrigen Menschheit dargestellt. Die Gemeinschaft, die Ansprechpartner des Toten, sind nicht mitgezeichnet, denn sie leben noch. Die Bezugspersonen – damals und heute – sind die Betrachter des Bildes, also auch Du und ich.

Der Verstorbene ist nicht tot.

Kommunikative Bilddarstellung

Vom Großhirn aus gehen die Nervenstränge aus, welche den ganzen Körper mit dem Zentralnervensystem (ZNS) verbinden. Die Lokalisation des ZNS im Rückenmark und im Schädel ist Ursache dafür, daß das Gesicht zum Kommunikationszentrum des Menschen mit seiner Umwelt wurde.

Der Mensch kommuniziert mit seiner Umwelt durch die Sinne. Die verbale Kommunikation durch den Mund und die Stimmorgane wird ergänzt durch die akustische und optische Wahrnehmung. Im Schädel ist auch der Geruchssinn untergebracht.

Die gnostischen Maler achteten sehr auf anatomische Details. Sie betonten aber besonders die kommunikative Bedeutung. Im Zentrum des Porträts steht der Schädel mit seinen kommunikativen Strukturen. Das Mumienporträt ist nur als ein Aspekt der Kommunikation zwischen Toten und Lebenden anzusehen. Der Verstorbene lebt weiterhin in der Erinnerung. Er existiert durch seine bleibenden Taten zu Lebzeiten. Er wird weiterhin geliebt, zitiert und auch in Träumen gesehen und gehört.

Die Begegnung der Lebenden mit der verstorbenen Person ist eine Begegnung von Antlitz zu Antlitz
In der Kunst der Gnosis erlangt das Gesicht eine zentrale Bedeutung. Die Ästhetik des Bildes darf auf keinen Fall auf Kosten der Genauigkeit erfolgen. Detailsdarstellung wird sorgfältig gezeichnet. Das Antlitz als wesentliche Struktur des Lebenden erlangt auch im Tod größte Aufmerksamkeit. Es prägt das Vollbild des Verstorbenen. Die Künstler achteten auf genaue Wiedergabe von persönlichen Zügen und Merkmalen.
Am Porträt imponiert unmittelbar die Begegnung von Antlitz zu Antlitz, vom Betrachter und liegenden Toten. Unwillkürlich empfindet der Beobachter sich – auch heute noch – in Kommunikation mit dem Verstorbenen wie mit einer lebendigen Person. Hier liegt eine ungewöhnliche Leistung der gnostischen Künstler vor. Der Verstorbene erscheint uns, als legte er gerade eben eine Sprechpause ein.

Augen
Augen – Ein Hauptorgan der Kommunikation – Der Augenkontakt
Die Beziehung kommt durch die Augen und den Blick des dargestellten Menschen zu den Betrachtern unmittelbar zum Ausdruck. Niemand, auch nicht der heutige Zuschauer vermag es, sich diesem Blick und der dadurch hergestellten Verbindung zu entziehen.
Die Augen sind breit und offen. Sie schauen in die Unmittelbarkeit, als befinde sich die Person nicht im Sarg, sondern unter den Lebendigen im Wohnraum, bei der Unterhaltung. Sie befindet sich im Gespräch mit ihrer vertrauten Umgebung.

Philosophie und Kunst der Gnosis sind identisch
Die Kunst der Gnosis ist in höchstem Maße anthropologisch orientiert. Gnostische Künstler haben Menschen ihrer Zeit für die Menschen der Nachwelt porträtiert.

Das Menschenbild in der gnostischen Ästhetik

Die Porträts nach Form und Details muten sehr authentisch an. Die Menschen sind tendenziell in Lebensgröße dargestellt.
Der porträtierte Mensch – Frau und Mann – imponiert nach Gleichgewicht, psychischer und körperlicher Gesundheit und Ausgeglichenheit. Selbst wenn man einräumen muß, daß in die Porträts eine gewisse Stilisierung eingeflossen ist, hält sie sich in klaren Grenzen. Heute noch imponiert die Darstellung durch Echtheit und Genauigkeit. Kaum jemand ist frei von einer Idealisierungstendenz.

Die Achtung auf Details der Physiognomie bei den Porträts läßt vermuten, daß die Bilder die jeweilige Person in ihrer Jugend porträtierten, aber mit Hinblick auf den Tod, der irgendwann unvermeidbar eintreten wird.

Die Mumienporträts stellen in ihrer Mehrheit erwachsene Menschen mittleren Alters dar. Ihnen folgen der Menge nach Kinder. Porträts älterer Personen sind wohl in der Minderheit.
Es fällt auch auf, daß bei Älteren die Tendenz zur Stilisierung des Porträts zurücktritt. Diese Beobachtung spricht weiterhin dafür, daß die ästhetische Idealisierung von Jugendlichen eher unwillkürlich geschieht und daß die Künstler prinzipiell auf Authentizität aus waren.

Existentielle Prinzipien der Gnosis nach den Mumienporträts

Mumienporträts sind individuumbezogene Porträts. Die betonte Individuität entspricht einem Menschenbild, welches die Bedeutung der einzelnen Person in der Gesellschaft herausstellt. Gleichwohl hütet sich diese Kunst davor, den als Einzelnen dargestellten Menschen gegenüber der Gemeinschaft abzuheben (wie es ja sonst in der künstlerischen Heroisierung der Fall ist). Das Porträt stellt den Verstorbenen als eine geliebte Person unter seinen Vertrauten dar, als jemand, der nach wie vor in seiner sozialen Umgebung aufgehoben ist.

Während der Totenkult bis dahin den Verstorbenen in seiner Beziehung zum Jenseits präsentierte, stellen die Mumienporträts ihn als anwesend unter den Lebenden dar. Der Tote ist unter uns. Er ist nicht jenseitsorientiert, sondern diesseitsbezogen.
Die Mumienporträts konfrontieren uns nicht mit einem Totenreich, vielmehr erinnern sie uns an unsere eigene Welt, welche aus vorausgegangenen, jetzigen und folgenden Generationen besteht.
Die Mumienporträts präsentieren ein in höchstem Maße aufgeklärtes Welt- und Menschenbild. Die Existenzialphilosophie der Gnosis kommt in ihrer Kunst optimal und lebendig zum Vorschein. Die Ästhetik ist die komplementäre Seite zu ihrer vernunftbetonten, aufgeklärten Geisteshaltung.

Die menschliche Kommunikation wird durch den Tod nicht abgerissen

Es ist wohl das zentrale Anliegen der Porträts, die Kontinuität der Kommunikation nach dem physischen Tod hervorzuheben. Die scheidende Person bleibt mit uns verbunden. Die Porträts lassen die volle Konzentration des Betrachters auf das Gesicht gerichtet bleiben. Die Lebendigkeit des Toten wird am stärksten durch die Intensität des Antlitzes dokumentiert. Das Gesicht steht im Blickfang des Betrachters. Alle anderen Aspekte auf dem Bild sind nebensächlich. Große runde Augen strahlen nach Lichtglanz. Der Blick ist zentral. Die Maler betonen das Augenlicht. Das Blattgold imponiert nach Aurierung, ohne sie als Heiligenschein zu malen. Das Glanzlicht in den Augen vermittelt Lebhaftigkeit und Engagement. Nirgends erscheinen die Porträts maskenhaft.
Augen und Mundpartien sind in lebhafter Stellung, in beweglicher Ruhe. Die Ohren horchen auf unsere Worte.

Siegeskranz und Lorbeeren nehmen dem Tod seinen Schrecken. Sterben in der Gnosis, d.h. im Zustand der Erkenntnis, ist Sieg über den Tod. Es fällt auf, daß die Mumienporträts nicht jenseitsorientiert sind. Über den Tod hinaus besteht eine Kontinuität der Beziehung

zwischen Lebenden und Verstorbenen. Der Tod trennt nicht. Der Verstorbene spricht die Diesseitigen an.
Insgesamt ist es den Künstlern der Gnosis gelungen, den Toten wieder lebendig und dynamisch erscheinen zu lassen. Er spricht zu uns aus dem Gesicht heraus.

Schlußbetrachtung
Die Künstler haben es gekonnt, Gesichtszüge, Charaktermerkmale und emotionale Stimmung miteinander zu verbinden. Besonders faszinierend ist die Integrität und Intimität des Menschen im Bild und mit seiner sozialen Umgebung.

Die Mumienporträts werden seit ihrer Entstehung vor mehr als zweitausend Jahren bis heute nachgeahmt oder als Matrix zur Weiterentwicklung genommen. Sie begründeten die Entstehung der christlichen Ikonographie. Sie wirken sich heute noch in moderner Kunst aus. Die kunsthistorische Revolution der Gnosisära ist gegenwärtig. Sie ist aus der modernen Kunst nicht wegzudenken. Sie prägt heute noch die internationale Malerei.

17. Gnosis und Christentum – Theoretisch in der Annäherung, missionarisch im Wettkampf

Die Gnosis rezipierte Jesus und seine authentische Lehre, so wie sie der Ur-Thomas vertrat. Sie bewahrte und überlieferte christliche Literatur – selbst solche, die im Christentum verlorengegangen ist. Im Gegenzug rezipierte das Christentum die Gnosis, wie das aus dem (kanonischen) Johannesevangelium unübersehbar hervorgeht.

Die Gnosis bekannte sich zu Jesus und titulierte ihn mit vielen Prädikaten, die nur ihm vorbehalten sind: Gottessohn, Logos, Erlöser und das Haupt des Kosmos, nächst zum Vater. Trotzdem wurde sie aus christlicher Sicht nie in ein ökumenisches Verhältnis aufgenommen oder auch nur als Dialogpartner akzeptiert.
Man setzte sich ins Unrecht, interpretierte man – wie manche Autoren es tun – diesen christlichen Diskurs in der Gnosis als Opportunismus oder als diene er der Verführung von Christen zur Gnosis. Im übrigen schuldet die christliche Lehre viele ihrer theologischen Ansätze und Fachausdrücke der Gnosis, mehr als umgekehrt.
Genuin gnostische Literatur zeigt seit dem zweiten Jahrhundert, z.B. mit dem oben dargestellten Evangelium der Wahrheit, zunehmende Annäherung an das Christentum. Es handelt sich nicht um organisatorische Kontakte, sondern um die Tendenz, christliche Lehren in die Gnosis zu integrieren.
Das Evangelium der Wahrheit als Beispiel bringt Kerninhalte des christlichen Glaubens und zeigt auf, an welche Stelle der gnostischen Lehrsystematik diese hingehören. Beachte bitte Formulierungen wie: „*Logos, den man auch Jesus Christus und Erlöser nennt*“, oder: Gnostisch: „*Der Vater offenbarte seinen Schoß. Sein Schoß ist aber der Heilige Geist, welcher sein Verborgenes offenbart. Sein Verborgenes ist der Sohn*“.

Christlich: „*Aus dem Schoß des Vaters geht der Heilige Geist aus. Geburt Jesu durch den Heiligen Geist (Jungfräuliche Geburt)*“.

Auf der anderen Seite gibt das Neue Testament ein klares Bild von der Einstellung der Kirche zur Gnosis. Im speziellen Sinne konnten die Apostel sich nie damit einverstanden erklären, Jesus innerhalb der Kosmologie einzuordnen.
Die Kirchenväter haben die Gnosis an die vorderste Stelle ihrer Gegner gestellt.
Die Gnosis hingegen betrachtete das Christentum als ihre nächstliegende Anschauung. Das zentrale Anliegen der Gnosis ist die Erlösung der Menschen. Das ist aber der Kern der christlichen Botschaft. Die Gnosis konnte auch christliche Mitglieder aufnehmen, ohne daß sie ihren Glauben aufgeben. Freilich mußten sie die gnostische Kosmologie anerkennen.
Die Ausgrenzung erfolgte von christlicher Seite gegen die Gnosis. Das geschah grundsätzlich aus dem Ansatz, allein die christliche Kirche sei im Besitz der göttlichen Wahrheit.
Die Polemik hielt unvermindert heftig an, bis die Gnosis im vierten Jahrhundert im Angesicht der staatlichen Verfolgung in den Untergrund gehen mußte.

Die Polemik des Neuen Testamentes und der Kirchenväter gegen die Gnosis lenkt von der Tatsache ab, daß sie sich gegenseitig in höchstem Maße beeinflußt haben. Während die Gnosis im Christentum die Kosmologie vermißte, sich sonst mit ihm verbunden fühlte, war von christlicher Seite ein ökumenisches Verhältnis zu dem Rivalen in jeglicher Form ausgeschlossen. Vor allem im Missionsfeld bekämpften die Apostel und die apostolischen Väter demonstrativ und offensiv die Gnosis. Mit rhetorischer Gewalt versuchten sie, die Gnosis zu disqualifizieren.

18. Der gnostische Universalismus

Wenn die Gnosis aufgefordert würde, ihre Anschauung mit einem einzigen Wort zu umschreiben, würde sie aus ihrem umfangreichen Wortschatz mit Sicherheit den Begriff „Einheit" wählen. Der Gnosis ist die Integration aller Phänomene des Seins hervorragend gelungen.

Was wir als „Universalismus" bezeichnen, heißt bei der Gnosis Kosmologie. Konsens ist, daß die Gnosis die Kosmologie in den Mittelpunkt ihrer Lehre gestellt hat. Das heißt, um die Gnosis zu verstehen, muß man die Kosmologie begreifen.
Die universalistische Sicht des Seins kann optimal durch Darstellung der Erkenntnispyramide aus gnostischer Sicht demonstriert werden

19. Die gnostische Erkenntnispyramide
1. Fachgebiete und Disziplinen
Die Gnostiker haben die Wissenschaften mit großer Sorgfalt gepflegt. In vielen Städten unterhielten sie Einrichtungen für Bildung und Ausbildung. In Achmim, Asyut, Alexandrien und an vielen anderen Orten Ägyptens hatten sie ihre größten Akademien. Die polyzentrischen Schwerpunkte ihrer Tätigkeit gehen unter anderem aus der Vielfalt der koptischen Dialekte, die in ihren Schriften vorkommen, hervor.

Die Gnostiker sind die Erfinder des „Buchwesens". Sie sind die ersten, die Schriften und Literatur in Buchform (nicht wie bisher in Schriftrollen) herausgaben. Dazu schufen sie die notwendige, breitgefächerte Infrastruktur. Eine Vielfalt von Techniken war nötig, Bücher fertigen zu können. Die Menschheit auf dem ganzen Globus verdankt den Gnostikern dieses bedeutsamste Medium als Träger, Erhalter und handlicher Vermittler von wissenschaftlichen Inhalten. Alphabetisierungskampagnen gehörten zu ihren vorrangigsten Aufgaben, denn sie legten großen Wert darauf, daß ihre Literatur nicht nur gelesen, sondern auch studiert wird.

Zur thematischen Aufarbeitung fachlicher Stoffgebiete achteten sie vorrangig auf die Anwendung der Gnosis als Erkenntnistheorie und die Herstellung von Bezügen zur Kosmologie.

2. Methodik

Die wissenschaftlichen Erkenntnisse der Gnosis wären ohne fachlich ausgearbeitete Methodologie undenkbar gewesen. Die Mathematik – nicht nur als eigenständige Wissenschaft, sondern auch als Forschungsmethode, z.B. der Astronomie und Himmelsmechanik – wurde weiterentwickelt. Empirische und experimentelle Methoden der Chemie und Physik wurden in Verbindung mit der Pflege dieser Wissenschaften gefördert.

In Alexandrien gab es vier höhere Akademien der Wissenschaften. Neben der gnostischen bestand eine christliche, eine säkulare und eine jüdische. Sie tauschten sich miteinander aus, pflegten die Diskussion und trugen damit zum wissenschaftlichen und technischen Fortschritt überhaupt bei.

3. Wissenschaftstheorie

Die „Gnosis" ist wohl die einzige Schule, die sich nicht nur der Wissenschaft widmete, sondern auch Wissenschaft als gewählte Selbstbezeichnung führte.
Die Umschreibung der bewegungseigenen Wissenschaftstheorie als „erlösendes Wissen" verfehlt ihre gnostische Bedeutung, wenn sie als dogmatisch eingeengte Perspektive interpretiert wird.

4. Erkenntnistheorie

Gnosis im engeren Sinne ist sowohl eine Wissenschafts- als auch Erkenntnistheorie.
Die Gnosis-tragende These ist die „Selbsterkenntnis" als „Voraussetzung einer jeden wahren Erkenntnis". Aus ihr wird die „erlösende Erkenntnis" abgeleitet.

In der modernen Literatur wird die gnostische „Erkenntnis“ oft auf Gotteserkenntnis verkürzt betrachtet. Hingegen ist Erkenntnis eine offene Fähigkeit, die selbsttätig alles zu erfassen bestrebt sein muß, um ihre Eigendynamik entfalten zu können.
Es wäre zu reduktiv, die Begriffe „Erkenntnis“ und „Wissenschaft“ in Verbindung mit der Gnosis dogmatisch festzulegen. Wer sich der Erkenntnis widmet, wird auch nicht imstande sein, den Entwicklungsweg der Wissenschaft dogmatisch einzuengen.
Der erkennende Mensch nähert sich Gott und wird mit ihm eins. Er gleicht dem Schöpfer und ist wie Er schöpferisch. Seine schöpferische Tätigkeit stimuliert in ihm die Freude an allen Wissenschaften.

Es besteht Übereinstimmung, daß die „Gnosis“ keine einheitliche Bewegung darstellt. Vielmehr existierte eine Vielfalt von Strömungen, die sich der „Gnosis“ verpflichtet wußten. Diese Diversifizierung und der Pluralismus sind unvermeidliche Konsequenzen eines freien Wissenschaftsbetriebs.
Die „erlösende Erkenntnis“ als Arbeitsmotto würde jedoch ins Gegenteil verkehrt, wenn die Erkenntnis vorgegeben ist. Das wäre aber der Fall, wenn das Ergebnis des Erkenntnisprozesses durch eine Dogmatik vorausgesetzt wird. Der Slogan muß als Förderung eines jeden Erkenntnisweges verstanden werden im Vertrauen darauf, daß jeder aufrechte, selbstlose, uneigennützige Erkenntnisprozeß zur erlösenden, d.h. befreienden, Erkenntnis führen muß.

5. Kosmologie

Kosmologie ist einer der am meisten mißverstandenen Begriffe. Oft wird er in die Nähe von Astronomie, Astrologie und abergläubische Einstellungen gerückt. Im historischen und inhaltlichen Kontext der Gnosis steht der Ausdruck „Kosmologie“ unserem heutigen Begriff „Universalismus“ nahe. Inhalte der Kosmologie sind: Die Einheit alles Seienden, der Einklang des Mikro- mit dem Makrokosmos, Wahrung und Erneuerung der Schöpfung.

Kosmologie bedeutet in erster Linie: Totalität, Integrität und Komplementarität des Seins. Die Kosmologie ist der Rahmen, in den der gnostische Universalismus eingebettet ist. Kosmologie und Prinzip der Einheit sind unzertrennlich. Es fällt auf, wie sehr eurozentristische Autoren die Kosmologie zum Anlaß nehmen, die Gnosis in die Nähe der Astrologie zu bringen. Das ist ein grundlegendes Mißverständnis.

Vor der Gnosis hat die Kosmologie eine lange Entwicklung zurückgelegt. Die Gnosis relativiert die Bedeutung der Kosmologie in der Weise, daß sie in das gnostische Lehrgebäude integriert wird. Sie prägt nach wie vor das gnostische Weltbild, doch ist die Kosmologie ein Werk, das im Rahmen der Geschichte des Weltalls zweckgebunden geschaffen wurde. Auch der Kosmos ist vergänglich.

6. Weltbild

Auf allen Ebenen der Erkenntnispyramide besteht Polarität von Gut und Böse. Gnostische Theorie und Praxis sind unermüdlich bemüht, das Böse zu besiegen und dem Guten zum Siege zu verhelfen. Gerade auf den Ebenen des Weltbildes und des Menschenbildes sind diese Polarität und ihre Konsequenzen für die gnostische Lehre am deutlichsten erkennbar.

Die Gnosis betrachtete die real existierende Wirklichkeit der Welt mit Ungerechtigkeit und Gewalt als Ausdruck eines Irrweges der Menschheit. Darin kann ich ihr nur zustimmen. Sie erkannte auch, daß der Verfall nicht das Ende sein kann. Daraus zog sie die Konsequenz, auf eine bessere Welt hinzuarbeiten. Diese Feststellung blieb nicht abstrakt, sondern wurde in die Tat umgesetzt. Sie gründete Lebensgemeinschaften, in denen die Ideale der Gnosis realisiert wurden. Dadurch stellten sie für das Römische Imperium eine große Herausforderung dar, die nicht geduldet werden konnte.

Unter der Herrschaft des Imperium Romanum hat eine Welt des Dualismus bestanden. „Einheit" ist das tragende Prinzip der gnostischen Gesellschaftsutopie.

7. Menschenbild

Der Mensch steht im Mittelpunkt der gnostischen Lehre. Er ist der Kern von Kosmologie und Einheit des Seins. In der Gnosis sind „Anthropologie“, „Theologie (d.h. die Lehre von Gott)“ und „Kosmologie“ voll integriert und miteinander verflochten.
Das höchste Wesen ist zugleich der Urmensch (erster Mensch).
Der Urmensch (gleich Gott) erscheint als Mensch den weltschöpferischen Kräften. Durch seine Erscheinung gibt er den schöpferischen Kräften ein Vorbild, ein Modell oder Exempel für die Schaffung des irdischen Menschen (zweiter Mensch).
Der höchste Gott bringt einen ihm wesensgleichen, himmlischen Menschen hervor, der dann das unmittelbare Urbild des irdischen Menschen ist (dritter Mensch, auch „Sohn des Menschen“ genannt).[57]
Bei allem achtet die Gnosis auf die Herausstellung der Polarität. Auch der Mensch steht im Spannungsfeld der nach Reinheit trachtenden Seele und dem Fleisch mit seinen Begierden und seiner Sucht zum Materiellen. Daraus werden Ethik und Moral der Gnosis abgeleitet: Das Göttliche im Menschen stärken und das Materielle schwächen!

Der Mensch ist ein mit Vernunft begabtes, zur Erkenntnis befähigtes Wesen. Er ist gehalten, Tugend und Werte zu entfalten und sich zu vervollkommnen. Das bedeutet auch, sich von der Schlechtigkeit und dem Übel zu befreien. Letztere kennzeichnen sich dadurch aus, daß sie nicht im Einklang mit der wahren Erkenntnis stehen. Diese ist das Mittel zur Befreiung des Menschen von den Fesseln, die ihn an das Niedrige binden.
Gerade in Menschenbild, Ethik und Universalismus zeigt sich die Ideenverwandtschaft von Gnosis und Stoismus. Beide stellen eine Beziehung zwischen Erkenntnis und Ethik her.
Es ist das Menschenbild, das der Bewegung große Attraktivität einbrachte. Die Gnosis proklamierte die Göttlichkeit des Menschen. Darin war sie allen anderen Philosophien und Religionen einschließlich des Christentums weit voraus. Die Göttlichkeit des Menschen

[57] Vgl. Gnosis, von K. Rudolph, Göttingen, S. 101.

begründet seine Autonomie, Eigenständigkeit und Souveränität, aber auch die Befähigung zur Urteilskraft, Eigenentscheidung und zum selbstverantwortlichen Handeln.

Kosmologie ist Anthropologie

Die Texte bemühen sich um die schwierige Erkenntnis, daß Kosmos und Mensch deckungsgleich sind. Der Mensch denkt sich den Kosmos in weiter Ferne, dabei ist er viel näher, als er sich vorstellt.

Isis spricht: „Was du außerhalb von dir siehst, ist in dir. Es ist sichtbar. Es ist dein Kleid.“[58] „Alles, was sichtbar ist, ist das Ebenbild eines Verborgenen.“[59]

Schwieriger ist nur noch der Erkenntnisweg, Gott nicht außerhalb, sondern innerhalb unseres Selbst zu suchen, ihn nicht *extra nos*, sondern *intra nos* zu finden.

Kosmologie ist Humanismus

Kosmologie ist nicht nur die Wissenschaft vom Kosmos und nicht nur eine Theorie des Universalismus. Die Kosmologie ist auch Praxis. Darin besteht der Humanismus in der Kosmologie. Oberste Erkenntnisziele der Kosmologie sind:

1. Einklang des Mikrokosmos mit dem Makrokosmos.
2. Der Mensch als Glied des Kosmos soll sich so verhalten, daß die Welt und die Elemente nicht angegriffen oder abgebaut werden, sondern sich entfalten.
3. Der Mensch wird versorgt. Er solle dafür sorgen, daß andere genug haben, am Wohlergehen teilhaben und an ihrem Sein Freude haben.
4. Der Mensch lebt vom Universum. Er soll sich so verhalten, daß das Ganze nicht zerstört wird, sondern lebt und gedeiht.
5. Der Mensch soll der Natur Handlungen entgegenbringen, welche ihren Elementen gemäß sind.

[58] NHL, S. 302.
[59] NHL, 381.

6. Die Kosmologie ist die Manifestation der Einheit. Die größte Sünde ist der Dualismus.

Fazit: Die Erkenntnispyramide gipfelt im Prinzip „Einheit“. Mensch, Kosmos, Welt, Gesellschaft, Staat und Politik sollen auf der Basis des Guten, der Gerechtigkeit und des Ausgleichs das Wohlergehen der Menschen, den Bestand der guten Ordnung und der Harmonie für alle Menschen garantieren. Nicht Dualismus, sondern Einheit bedeutet Frieden und Freiheit für alle. Wissen, Erkenntnis, Theorie und Praxis sollen der Einheit dienen. In die Einheit gehen auch die Gottheiten ein.

20. Das emanzipatorische Potential der Gnosis

Zwei Größen hat die Gnosis rehabilitiert. Die eine ist der „Mensch“. Er wurde autonomisiert. Der Mensch verfügt über die „Vernunft“ und ist deshalb erkenntnisfähig. Aufgrund der eigenen Erkenntnisfähigkeit kann er den Weg der Wahrheitsfindung ohne Bevormundung gehen. Er ist nicht auf den Klerus oder sonstige Lehrautoritäten angewiesen, die ihm die Wahrheit vermitteln.

Die zweite Größe ist die „Erkenntnis („Gnosis“)“. Sie ist nicht zerstörerisch wie in der Geschichte vom Baum der Erkenntnis, die zur Vertreibung aus dem Paradies führt. Erkenntnis ist eine Fähigkeit. An sich ist sie kein Wissensinhalt, sondern die Fähigkeit „Wissen („Gnosis“) zu erwerben.

Was der Mensch mit seinen intellektuellen Fähigkeiten tut, bleibt offen. Sie können zum Guten oder zum Bösen, konstruktiv oder destruktiv, eingesetzt werden.

Die Gnosis fordert die erlösende Erkenntnis, die erlösende Wahrheit. Menschen werden danach unterschieden, ob sie die Gnosis suchen oder nicht. Sie sind entweder „Wissend“ oder „Nichtwissend“; andere Unterscheidungsmerkmale bestehen unter den Menschen nicht. Mit dem Aufruf zur „Erkenntnis“ hat die Gnosis den Menschen potentiell emanzipiert. Er wird von jeder Lehrgewalt, Dogmenherrschaft und Buchgläubigkeit befreit. Er, der Mensch, verfügt über

die Fähigkeit zur Erkenntnis und zur Unterscheidung. Er soll in die Lage versetzt werden, „Richtig“ und „Falsch“, „Gut“ und „Böse“ zu unterscheiden.
Jeder Erkenntnis geht die Selbsterkenntnis voraus. „Selbsterkenntnis“ bedeutet zweierlei: Zum einen Selber erkennen, zum anderen erkenne das Selbst, erkenne dich selbst.
Der Mensch ist vernunftbegabt. Die eigene Instanz „Nous“ führt den Menschen und macht ihn unabhängig von fremder Lehrgewalt und Fremdbestimmung. Freilich ist die Gnosis ein kollektiver Erkenntnisprozeß. Er vollzieht sich nicht individualistisch, sondern gemeinschaftlich.

Gnosis ist der Weg zur Emanzipation und Selbstverwirklichung.

Fünfter Abschnitt
Evaluation, Kontinuität, Renaissancen und Aktualität der Gnosis

1. Evaluation

Ende des dritten vorchristlichen Jahrhunderts hat die Gnosis schon als eigenständige, profilierte Weltanschauung bestanden. Auf der Basis der Thot-Lehre entwickelte die Gnosis einen vollständigen Entwurf zur Weltenerklärung, zu den Problemen des Seins und ihren Lösungen aus gnostischer Sicht. Seit ihrem ersten öffentlichen Auftritt gewinnt die Gnosis an Tiefe bei gleichzeitiger Expansion in die Weite.

Auch die Ursprünge des Christentums haben eine starke gnostische Wurzel. Aus der gemeinsamen Abstammung ist bald eine Rivalität geworden. Es ist klar, daß das frühe Christentum in der Gnosis seinen gefürchteten Gegner sehen mußte. Auf Apostel und Kirchenväter gehen die Versuche zurück, das Bild der Gnosis in der Öffentlichkeit zu entstellen.

Im Wettkampf von Gnosis und Christentum hatte die Gnosis einen Vorsprung durch ihre Überlegenheit in bezug auf Selbstdarstellung und Überzeugungskraft. Sie war aber im Nachteil hinsichtlich der Breitenwirkung. Das Christentum wandte sich an alle Schichten der Bevölkerung ungeachtet ihres Bildungsgrades oder ihrer sozialen Einstellung. Es sprach einfache Menschen, Unwissende, Unterdrückte, Geächtete, kurz alle an. Es rief die Sünder zur Buße und nahm sie auf. Sonst stellten christliche Missionare keine hohen Ansprüche an die Adressaten und waren selbst oft einfache Menschen.

Der gnostische Diskurs war im Vergleich dazu nicht einfach. Die Gnosis rief die Menschen zur Erkenntnis, zum Wissen und zur Askese auf. Für die breiten Massen war sie zu intellektuell, zu philosophisch und zu anspruchsvoll. Es war leichter Christ, als Gnostiker zu sein.

Gleichwohl hatten die Gnostiker großen Zulauf, insbesondere in Kreisen anspruchsvollerer Hörer- und Leserschaften. Sie schien dem Reich als die größere Gefahr. Ohne die Verfolgung der Gnosis und die Protegierung der Reichskirche durch den byzantinischen Staat hätte das Christentum den Wettkampf gegen die Gnosis nicht gewinnen können.

2. Expansion der Gnosis

Nach Ägypten war Syrien von Anfang an ein Hort der Gnosis. In Syrien entstand sehr früh eine starke gnostische Bewegung, die sich der eigenen Landessprache, in Ostsyrien des Aramäischen, bediente. Zwischen den syrischen und den ägyptischen gnostischen Gemeinden existierten intensiver Austausch und gegenseitige Übersetzungen. Urfa (Edessa), Antiochien, Damaskus und Seleukia waren wichtige Zentren der Gnosis. Sie artikulierten sich in Wort, Schrift und Mission.

Auf anatolischem Gebiet traf Paulus schon um die Mitte des ersten christlichen Jahrhunderts auf starke gnostische Gemeinden. Seinen eigenen Briefen entnehmen wir, wie schwer der sonst erfolgreiche Missionar es hatte, sich, wenn überhaupt, gegen die Gnostiker durchzusetzen.

In der ersten Hälfte des ersten christlichen Jahrhunderts waren gnostische Missionare von Ägypten im ganzen Mittelmeerraum aktiv. Im zweiten Drittel des ersten christlichen Jahrhunderts wurden sie von den Aposteln als ernste Rivalen empfunden. Das Neue Testament macht keinen Hehl aus der Furcht vor den Erfolgen der Gnostiker. Die ägyptischen Ideenträger bereisten den gesamten mediterranen Raum. In Anatolien, Griechenland, Italien, Südfrankreich und auf der iberischen Halbinsel realisierten sie große Erfolge und erfreuten sich breiter Basis. Durch Libyen, Tunesien, Algerien und Marokko reisten Gnostiker, um mit ihren Brüdern, welche in Südeuropa wirkten, die gesammelten Erfahrungen auszutauschen. Überall wurden Gemeinden eingerichtet. In den ersten christlichen Jahrhunderten war Nordafrika durch die gnostische Expansion geprägt.

Durch ihre weltweite, von Ägypten ausgehende Mission entwickelte die Gnosis regionale Sonderformen. Mit Palästina beginnend kam die Gnosis nach Arabien. Die Kontakte zu Ägypten und der Austausch fanden nicht nur über Schriften statt, sondern auch durch persönliche Begegnungen.
Aus der Rezeption der Gnosis in Persien im zweiten und dritten christlichen Jahrhundert ist der Manichäismus hervorgegangen.[60]

Das Römische Reich hat bis Konstantin d. Gr. das Christentum mit dem Ziel blutig verfolgt, es total physisch zu liquidieren. Der Erfolg war eine größere Ausbreitung des Christentums gerade dort, wo die Völker von Rom unterdrückt und ausgebeutet waren. Offenbar handelte es sich um ein anderes Christentum als das der späteren Reichskirche.
Bereits in der Zeit der Urkirche erkannte Rom das Widerstandspotential des Christentums in seiner ursprünglichen Prägung. Es versuchte, eine geeignete, ihm genehmere ideologische, gegebenenfalls religiöse Alternative zum Christentum aufzubauen, um die Christen umzuorientieren und sie politisch zu integrieren.
Es war Konstantin, der zur Einsicht gelangte, daß die Christenverfolgung politisch nicht ratsam sei. Er kam auf die Idee, nicht das Christentum, sondern seine Herausforderung zu bekämpfen. Das Programm Konstantins zielte darauf ab, das politische Widerstandspotential des Urchristentums umzubiegen. Dem Kaiser gelang es, eine Reichskirche zu konstruieren, die mit der Staatsraison kompatibel war.

Nun fällt aber auf, daß die Gnosis, die ja anerkanntermaßen eine sehr populäre Bewegung war und ebenso unter Intellektuellen wie im Volke über eine breite Basis verfügte, für das Römische Reich nicht als eine staatstragende Ideologie in Betracht kam. Die Gnosis diente den herrschenden Interessen nicht.

---

[60] Alexander Böhlig und Christoph Markschies, Gnosis und Manichäismus-Forschungen und Studien zu den Texten von Valentin und Mani sowie zu den Bibliotheken von Nag Hammadi und Medinet Madi, Berlin und New York 1994.

Das Toleranzedikt von Konstantin (311-313) veränderte die Lage. Das Christentum genoß von da an Akzeptanz, freilich nur solange, wie die Kirche konform mit der Reichspolitik ging.

Wenn die Gnostiker gemeint haben, sie seien in das Toleranzedikt einbezogen, wurden sie sehr bald bitter enttäuscht. Unmittelbar nach Anerkennung des Christentums konstantinischer Provenienz wurde die Verfolgung der Gnosis intensiviert. Noch mehr: Von da an waren sie mit einem doppelten Feind konfrontiert. Die Reichskirche ging mit dem Staat Hand in Hand im Kampf gegen die Gnosis vor.

1. Die Reichssynode von Nikaia vom Jahr 325, das Erste Ökumenische Konzil, war in mehrfacher Hinsicht eine entscheidende politische und kirchengeschichtliche Wende.
2. Konstantin selbst berief das Konzil und setzte sich zum Vorsitzenden der bischöflichen Versammlung ein. Zum ersten Mal steht ein römischer Kaiser an der Spitze der christlichen Kirche.
3. Die Reichskirche wird gegründet, deren Oberhaupt der Kaiser ist.
4. Das Konzil demonstriert die Einheit der Kirche. Diese ihrerseits garantiert für die Einheit des Reiches.
5. Reichspolitik und Kirchenpolitik werden vom Kaiser bestimmt.
6. Die Orthodoxie wird konziliar definiert und festgelegt. Die Rechtgläubigkeit erlangt von da an den Charakter einer Reichsverfassung.
7. Abweichler und Häresien werden von Reichs wegen verfolgt.
8. Auch für die Gnosis beginnt die schwerste Zeit ihrer Geschichte.

Die Lage für die Gnosis hatte sich soweit verschärft, daß sie bald aus dem öffentlichen Leben verdrängt wurde. Im Verlauf des vierten christlichen Jahrhunderts mußte sie in den Untergrund gehen. Wenn sie ihre Literatur nicht mitnahm, wurde diese vernichtet.
In Ägypten, dem Ursprungsland der Gnosis, waren ihre Anhänger am härtesten betroffen. Ein Teil lebte völlig im Untergrund, der andere schirmte sich nach außen ab. Andere Gnostiker zogen in die

anerkannten christlichen Kongregationen, ohne ihre gnostischen Überzeugungen aufzugeben. Zum Untergrund gehörte auch die Tarnung, ohne sich aus dem öffentlichen Leben zurückziehen zu müssen.

Das Toleranzedikt war eigentlich radikale Intoleranz gegen die Gnosis. Im Verlauf der folgenden hundert Jahre mußten die Gnostiker aus dem Einflussbereich des Römischen Reiches völlig verschwinden. Die Gnostiker von Syrien, das unter der römischen Herrschaft stand, waren ebenfalls schwer betroffen.
Sie suchten sich Überlebenschancen in den koptischen Klöstern. Sie traten als Mönche ein. Ihre sonst geübte asketische Einstellung ebnete ihnen den Weg zur vollen Eingliederung in die mönchischen Gemeinschaften. Sie brachten ihre Bücher mit, die in den Klosterbibliotheken neben den christlichen gestanden haben. Offensichtlich war die gnostische Literatur in einer Häufigkeit und Beliebtheit vertreten, daß sich die Päpste von Alexandrien, Athanasios (seit 328 Patriarch) und Theophilus (starb 412), veranlaßt sahen, die Entfernung heterodoxer Literatur aus den Klöstern anzuordnen.
Hingegen konnten die Gnostiker außerhalb des Römischen Reiches, im Irak und Arabien, neue Zentren errichten. Im Irak und auf der arabischen Halbinsel entwickelten sich Sonderformen der Gnosis, die auch teilweise von ihren Kulturerben gepflegt werden. Besonders genannt sei der Mandäismus mit heute noch praktizierenden Gemeinden im Irak. Mandäische Gemeinden sind vornehmlich im Norden des Iraks stark.

Bald aber war die römische Toleranz auch für die Christen Ägyptens und Syriens zu Ende. Im Jahr 451 erklärt Byzanz den Dualismus zum Staatsdogma.[61] Die ägypto-syrischen Christen halten am Einheitsprinzip fest und werden dafür stärkster Unterdrückung ausgesetzt. Die heftigen Verfolgungen, die die Christen Ägyptens und Syriens seit 451 wegen ihrer Ablehnung des Dualismus erleiden mußten, entschärften den Widerspruch zwischen Christen und Gnostikern.

61 siehe auch: Karam Khella, Dioskoros von Alexandrien S. 77ff.

Beide Richtungen sind strenge Vertreter des Einheitsprinzips. Dies verstärkte den Einfluß der Gnosis auf das ägypto-syrische Christentum.

Seit dem fünften Jahrhundert konnten die Gnostiker innerhalb des Römischen Reiches nur im Untergrund arbeiten. Dafür erweiterten sie ihren Aktionsradius in den Osten jenseits der Reichsgrenze. In Arabien, Irak, Persien und weiter ostwärts intensivierten sie umso mehr ihre Verkündigung. Im fünften und sechsten Jahrhundert missionierten sie weiterhin fleißig und sorgten für den Aufbau lebendiger Gemeinschaften.
In den Gebieten außerhalb der Einflußsphäre des Imperium Romanum konnten die Gnostiker die vorherrschende Freiheit gut nutzen.

Rezeption der Gnosis durch den Stifter des Islam
Es ist sicher, daß Muḥammad in den beiden letzten Jahrzehnten des sechsten Jahrhunderts Kontakt zu gnostischen Lehrmeistern hatte und sie dadurch Einfluß auf die islamische Lehre nehmen konnten – beispielhaft erkennbar an der Christologie des Qur'āns.
Die Rezeption von gnostischem Gedankengut durch den Islam ist an unterschiedlichen qur'ānischen Stellen erkennbar. Jesus wird an das Kreuz geschlagen. Er erleidet jedoch keinen Tod, wie seine Peiniger glaubten. Hierzu greift der Qur'ān die gnostische These vom Scheinleiden und Scheintod auf. Vergleiche den (gnostischen) Brief des Petrus an Philippus: „Jesus ist Leiden fremd".[62]
Auch in Einzelmotiven übernimmt der Qur'ān die gnostische Version.[63]

62 Vergleiche NHL, 436 („Jesus ist Leiden fremd") mit Qur'ān, Sure an-Nisā' (Sure 4), Vers 157.
63 Beispiel: al-Baqara, 2, 49.

3. Erste große öffentliche Renaissance der Gnosis – Qarmaṭen und Rasaʾil Iẖwān aṣ-Ṣafāʾ (900-1100)

Die Gnosis hat sich nie aufgelöst. Sie zog sich lediglich aus der Öffentlichkeit zurück. Danach wirkte sie konspirativ – ein halbes Jahrtausend lang – im Untergrund. Erst unter der Toleranzkultur des arabisch-islamischen Reiches traten Bedingungen ein, die es der Gnosis erlaubten, wieder und doch äußerst vorsichtig an die Oberfläche zu gelangen und öffentlich tätig zu werden. In den Jahrhunderten der Verfolgung haben die Gnostiker gelernt, konspirativ zu arbeiten, sich aber nie in ihren Idealen und Zielen beirren zu lassen. Das bildete den Hintergrund für den erfolgreichen Auftritt der Qarmaṭen im letzten Drittel des neunten Jahrhunderts. Die Qarmaṭen waren die meist gefürchtete oppositionelle Bewegung unter dem Kalifat. Mit ihnen zusammen hängen die Lauteren Geschwister (nachweisbare Wirkung seit 970). Die Qarmaṭen realisierten in der Praxis, was Iẖwān aṣ-Ṣafāʾ theoretisch vertraten. Die Inhalte beider Strömungen decken sich. Obwohl wir kein schriftliches Material besitzen, das den Austausch zwischen den Lauteren Geschwistern und den Qarmaṭen direkt belegt, dürfen wir dennoch einen engen Kontakt als gesichert annehmen. Sie wirkten zeitlich synchron, lebten in dichter Nachbarschaft, und nicht zuletzt besteht eine über jeden Zweifel erhabene Ideenverwandtschaft.

Von den Lauteren Geschwistern besitzen wir die Rasa'il Iẖwān aṣ-Ṣafāʾ, wo der Literaturvergleich die Kontinuität der Gnosis in dem arabisch verfaßten Werk deutlich macht. Im Mittelpunkt der Lehre von Iẖwān aṣ-Ṣafāʾ stehen „ʿIlm“ (Gnosis) und „ʿAql“ (Nous). Die Bewegung der Qarmaṭen und die Schulungen der Iẖwān aṣ-Ṣafāʾ stellen die Fortsetzung gnostischer Lehren dar. Am auffälligsten sind die Parallelen in der Kosmologie, dem Menschen- und Weltbild. Allen drei Richtungen – Gnosis, Qarmaṭen und Iẖwān aṣ-Ṣafāʾ – gemeinsam ist der Grundsatz, daß die Selbsterkenntnis den Weg zur Wahrheitserkenntnis öffnet.[64]

[64] Die Beziehungen von Gnosis und Iẖwān aṣ-Ṣafāʾ wurden eingehend untersucht in: D. Quintern und K. Ramahi, Qarmaṭen und Iẖwān aṣ-Ṣafāʾ – Gerechtigkeitsbewegungen unter den ʿAbbāsiden und die Universalistische Geschichtstheorie, Hamburg 2006.

Sicher haben die Ideen der Iḫwān aṣ-Ṣafāʾ keinen Enthusiasmus am Hofe der ʿAbbāsiden ausgelöst, doch konnten sie im Rahmen der Toleranzkultur unter dem Kalifat arbeiten, missionieren und schulen, wenn sie konspirativ genug wirkten. Bei den Auseinandersetzungen zwischen dem Kalifat und den Qarmaṭen handelte es sich nicht um einen Glaubenskrieg. Die Qarmaṭen wurden als politische, nicht als konfessionelle Gegner angesehen. Die Qarmaṭen fielen den europäischen Aggressionen der „Kreuzzüge" (1098-1292) zum Opfer. Die Lehrbriefe der Iḫwān aṣ-Ṣafāʾ wurden weiterhin studiert. Es blieb jedoch bei einer intellektuellen Orientierung, nicht einer Massenbewegung.

4. Kontinuität der Gnosis seit 2300 Jahren

Nachhaltige Erfolge mit der Gründung von bis in die Gegenwart bestehenden Gemeinden erzielte die Gnosis im arabischen Osten. Rasch verbreitete sich die Gnosis weiter in Asien vom Zweistromland ostwärts über Iran bis nach Hurasan. Hier fand sie eine regionale Sonderform, deren Hauptvertreter Mani ist (216-277). Auch bei diesen weiten Entferungen war der Anschluß an Ägypten nie unterbrochen. Die Hauptschriften des Manichäismus sind überwiegend nur in Koptisch erhalten. Mani war wahrscheinlich der Grund für die Reise Plotins nach Persien.

Auf dem indischen Subkontinent war die Gnosis nicht weniger erfolgreich als im Mittelmeerraum. Die Begegnung mit dem Hinduismus und Buddhismus beeinflußte beide Seiten. Von hier expandierte die Gnosis weiter über die Malakastraße nach Südostasien und über die Seidenstraße bis nach China.

Aber auch dort, wo die Gnosis als Gesamtsystem nicht rezipiert wurde, konnte sie deutliche Spuren sowohl der Lehre als auch der Frömmigkeit hinterlassen. Hinduismus, Buddhismus und Islam sind lebendige Beispiele für den tiefgreifenden Einfluß der Gnosis, wo auch immer sie wirkte, auch dort, wo sie nur teilweise rezipiert wurde. Eine eigenständige Sonderform des Überlebens der Gnosis besteht durch ihren großen Einfluß auf das Christentum, der aber in den Gemeinden nicht immer als solcher erkannt wird.

Im neunten Jahrhundert herrschte im arabisch-islamischen Reich eine ausgeprägte Toleranzkultur. Die Tatsache, daß die Gnosis sowohl in der Massenbewegung der Qarmaṭen als auch in den intellektuellen Schulen der Iḫwān aṣ-Ṣafā᾽ einen schlagartigen Aufschwung erfahren hat, läßt nur einen einzigen Schluß zu: Die Gnosis war während eines halben Jahrtausends gut organisiert im Untergrund wirksam. Die erste große öffentliche Renaissance im Rahmen der Bewegung der Qarmaṭen hielt zweihundert Jahre, war also keine kleine Episode in der Geschichte. Die zweiundfünfzig Lehrschreiben der Lauteren Geschwister werden seit über tausend Jahren nach wie vor mit Vorliebe studiert.

5. Abū al-ʿAlā᾽ al-Maʿarrī,

geb. 26. Dezember 973 (= 28. Rabīʿ I. 363 H.), gest. 1057

Er setzt sich in Riṣālat al-Ġufrān[65] mit den unterschiedlichen Lehren und Richtungen kritisch auseinander. Er geht auf den Zinǧ-Aufstand und die Qarmaṭenbewegung ein. Außerdem befaßt er sich mit einer Reihe anderer Anschauungen und Schulen. Die Gnosis wird weder unter diesem Namen noch unter anderen arabischen, äquivalenten Bezeichnungen, namentlich genannt. Dafür werden andere Titel verwendet, die sich zum Teil als Tarnbezeichnungen von gnostischen Gruppen verstehen lassen. Abū al-ʿAla᾽ referiert, teilweise polemisch, Aspekte ihrer Lehren, die auf gnostische Gesinnung deuten lassen.

Nach der Restauration im zwölften Jahrhundert mußte die Gnosis ein zweites Mal ihre öffentliche Arbeit und Breitenwirkung einstellen und erneut in den Untergrund ziehen. Sie hatte zu warten, bis sich die Zeiten zu ihren Gunsten änderten.

Die Jahrhunderte der Verfolgung lehrten die Gnosis, Überlebensstrategien zu entwickeln. Es zeigte sich, daß sie im Augenblick des

[65] Abū al-ʿAla᾽ al-Maʿarrī, Riṣālat al-Ġufrān, Edition Bairut 2005, S. 197ff.

Eintretens eines toleranten Klimas sofort aus dem Verborgenen auftreten und eine Renaissance herbeiführen konnte. Ihr Verschwinden war offensichtlich ein vorsichtiges Zurücktreten aus der Öffentlichkeit. Sie beherrschte die Kunst, harte Zeiten mit dem Minimum an Nachteilen zu überwinden, eine Untergrundkultur zu pflegen, ihre Ideen im und aus dem Untergrund zu verbreiten und an nachfolgende Generationen weiterzugeben. Eigene Lebens- und Arbeitstechniken sind notwendig, um im Untergrund bestehen zu können. Die Gnosis tat es mit Erfolg. In Zeiten der Verfolgung kommt es primär darauf an, die Mitglieder, die Lehre und die Grundsätze unversehrt zu wahren. Das tat die Gnosis und wartete ab, bis sich die Zeiten änderten.

6. Die zweite große öffentliche Renaissance der Gnosis

Die Zeiten haben sich tatsächlich gemäß den Bedürfnissen der Gnosis geändert – aber auch im Interesse der ganzen Menschheit.
Auf dem Hintergrund des zweiten Weltkriegs und der damit einhergehenden Barbarei und Brutalisierung imperialistischer Aggressionen wird die internationale Öffentlichkeit durch den Fund einer alten Bibliothek überrascht, welche eine Anschauung repräsentiert, die Ethik und Werte in den Mittelpunkt ihrer Lehre stellt.
Bis 1945 war die Gnosisforschung zum großen Teil auf die Meinung der Gnosiskritiker aus den ersten christlichen Jahrhunderten angewiesen, ohne ihre Schriften mit einer gnostischen Selbstdarstellung kontrastieren zu können. Das erklärt das äußerst negative Bild der Gnosis, das bis in das zwanzigste Jahrhundert vorherrschend war und auch heute immer noch nicht radikal revidiert ist.
Eine ernsthafte Umwälzung von Forschungstraditionen war nach 1945 nicht schlagartig eingetreten, denn Jahrzehnte waren notwendig, um Abschied von festgefahrenen Vorurteilen und vertrauten Feindbildern zu nehmen. Zunächst mußten die einundfünfzig Werke aus dem oberägyptischen Nağʿ Ḥammādī ediert und in moderne Sprachen übersetzt werden. Die Evaluation hält weiter an. Von großem Vorteil erwies sich die ununterbrochene Kontinuität des Koptischen, das von der Koptischen Kirche intensiv gepflegt wird.

Aber auch die internationale Koptologie erlebte einen bemerkenswerten Aufschwung. Bei der Analyse eines jeden Werkes aus der NHB wundert man sich von neuem, wie human und progressiv die Gnosis wirklich war. Zur Zeit befinden wir uns an der Schwelle einer Wende. Grund zur Euphorie gibt es nicht. Immer noch herrscht ein Ideenrelativismus. Immer noch mißt man die Gnosis an den Maßstäben einer anderen Anschauung, in der Regel des des Christentums.

Die Entdeckung der Bibliothek von Naǧʿ Ḥammādī im Dezember des Jahres 1945 und die anschließende internationale Forschungsintensität brachten nicht nur der koptischen Sprache eine erneute Renaissance. Die Faszination, die von der Gnosis ausgeht, strahlt weit. In der ganzen Welt wird Gnosisforschung geleistet. Auch heute gewinnt die Gnosis neue Anhänger, besonders aus intellektuellen Kreisen.

Sechster Abschnitt
Werke

Die Bibliothek von Nağ῾ Ḥammādī (NHB = Nağ῾ Ḥammādī-Bibliothek)

Die Gnostiker waren motivierte, fleißige und überzeugte Autoren. Das meiste, was sie geschrieben haben, fiel der Verfolgung der Gnosis und ihrer Literatur zum Opfer. Die Bücher von Nağ῾ Ḥammādī (NH) haben überlebt, weil sie gut versteckt waren. Außer der NH-Bibliothek gibt es nur wenige Schriften und Papyri gnostischen Ursprungs. Bei dem Corpus handelt es sich ausschließlich um Texte auf Koptisch. Da jede Region ihren eigenen Dialekt schriftlich pflegte, lassen sich aus der linguistischen Analyse der Texte Schlüsse auf ihre Entstehungsorte ziehen. Überwiegend handelt es sich um Texte in Sa῾idisch. Offensichtlich hatte die Gnosis ihre wichtigsten Zentren in Oberägypten. Die Regionen von und um Asyut, Achmim mit Einzugsgebieten östlich und westlich des Niltals und weiter südwärts gehörten zu den Schwerpunkten der Gnosis.
Besonders wichtige Schriften für die Lehre und das Verstehen der Gnosis haben wir im Text ausführlich besprochen.

Die Entdeckung der NHB bewirkte eine umfassende Umwälzung wie sonst selten ein anderer Bücherfund. Bis dahin basierte die Gnosisforschung hauptsächlich auf polemischen Schriften von Kirchenvätern. Nağ῾ Ḥammādī bot erstmalig eine umfangreiche Selbstdarstellung der Gnosis. Für die Philosophie und Religionsgeschichte hat damit eine neue Ära begonnen.

Der Fund umfaßt 51 Schriften, die sich in 13 Codices gliedern. Das Korpus als Ganzes besteht nicht ausschließlich, aber hauptsächlich aus gnostischer Literatur. Von einigen Schriften sind nur Fragmente erhalten. Ein Teil geht auf die Thotsche Philosophie zurück (also vorchristlich).

Die Manuskripte sind aus der Zeit etwa zwischen den Jahren 140 und 350 n.Chr. entstanden. Da es sich hauptsächlich – vielleicht auch ausschließlich – um Abschriften handelt, waren die Originale älter. Aus den Texten selbst sind keine Datierungen zu ermitteln, welche die Einordnung in eine absolute Chronologie erlauben. Aus der inhaltlichen Analyse ergibt sich, daß die Originalskripte aus vor- und frühchristlicher Zeit stammen. Von keinem der Bücher existieren heute ältere Exemplare. Indes ist die Annahme berechtigt, daß es sich um getreue Abschriften handelt. Einige Abschriften der Thotschen Gnosis dürften auf Originale aus dem dritten, zweiten und ersten vorchristlichen Jahrhundert zurückgehen. Der Rest stammt aus dem ersten, zweiten und dritten Jahrhundert n.Chr.
Nach ihrer Entstehungszeit lassen sich die Bücher in drei aufeinanderfolgende Phasen einordnen:

Älteste NH-Gattung (vorchristlich)
Die älteste Phase: Die Bücher dieser Phase stammen aus der Thotschen Tradition. Wir können davon ausgehen, daß sie im dritten und zweiten Jahrhundert vor Christus entstanden sind. Die Originale gehören zu den ersten Schriften auf Koptisch. Inhalt und Texte gehen auf viel ältere Überlieferungen zurück.

Mittlere NH-Gattung (erstes und zweites Drittel des ersten christlichen Jahrhunderts)
Eine mittlere Phase stammt aus dem ersten und zweiten Drittel des ersten christlichen Jahrhunderts, auf jeden Fall vor dem Jahr 66 n.Chr. Im Jahr 66 zogen die römischen Legionen in Palästina, 68 in Ägypten ein. In beiden Ländern richteten die Römer ein Blutbad an Christen an. Dieses grausame Ereignis wäre nicht unerwähnt, zumindest nicht ohne Echo in der Literatur geblieben.

Dritte NH-Gattung (letztes Drittel des ersten, sowie zweites und drittes christliches Jahrhundert)

Die dritte Gruppe blickt auf die römische Aggression zurück und ist damit kurz nach 68 verfaßt. Die Brutalitäten der Römer werden hier in apokalyptischem Stil verarbeitet oder auch in literarischer Form zum Ausdruck gebracht.

Bei der letzten Gruppe fällt die Rezeption Jesu auf; somit handelt es sich um die jüngste unter allen drei Gruppen.

Jesus ist der Logos, der Sohn und der Erlöser (Soter). Die uns aus dem Neuen Testament bekannten Apostel treten deutlich ins Bild. Die Bücher stammen damit aus ur- und frühchristlicher Zeit. Im Vergleich zur kanonischen Überlieferung ist die herausragende Bedeutung Maria Magdalenas zu konstatieren. Das spricht für eine frühe Entstehungszeit. Sie tritt als Trägerin von Jesus-Überlieferungen auf, was sie mit Sicherheit war. Die Verfasser zeigen keinerlei Bedarf, diese Funktion Marias zu rechtfertigen; niemand zweifelte daran. Schon der Spruch Petrus: „Hat Jesus sie uns vorgezogen?" bestätigt die Legitimation Marias; er bestreitet lediglich ihr Primat unter den Aposteln. Im frühen Christentum war sie noch anerkannt. Ihre Verdrängung in den Hintergrund trat in der Großkirche erst später ein – seit dem vierten Jahrhundert.

In den gnostischen Evangelien (dritte Gattung der NHB) werden die Worte Jesu in der Weise berichtet, daß der Erlöser nach seiner Auferstehung den Jüngern erscheint und ihnen Weisungen erteilt. In klarem Kontrast zu dieser Inszenierung steht das – ebenfalls aus der Naǧʿ Ḥammādī-Bibliothek, aber aus der mittleren Gattung, stammende – Thomasevangelium. Es protokolliert unkommentiert ausschließlich Logien Jesu, ein Beweis für sein hohes Alter. Es stammt wohl aus nächster zeitlicher und räumlicher Nähe zu Jesu. Thomas ist das älteste erhaltene Evangelium überhaupt. Es stammt aus dem zweiten Drittel des ersten christlichen Jahrhunderts.

Editionen der Nağʿ Ḥammādī-Bibliothek (NHB)

Zitierweise
Die Ausgaben werden in Kürzungen zitiert.

NHC Nağʿ Ḥammādī Corpus, Zitierweise:
Die erste Zahl, römisch, bezeichnet die jeweilige Nummer des Kodex (es sind 13 Codices) (I-XIII).
Es folgt die jeweilige Schrift in arabischer Ziffer,
an dritter Stelle die Seitenangabe, arabisch und
an vierter Stelle die Zeilen, arabisch.

NHL Nağʿ Ḥammādī Library: The Nağʿ Ḥammādī Library in English, ed. James M. Robinson (General Editor), Third, completely revised Edition, Leiden, New York, Kobenhaven, Köln 1988.

CGL Coptic Gnostic Library, ed. James M. Robinson et al., Leiden 1985-1991.

Die bisher vollständigste zweisprachige Edition ist die Ausgabe des Koptologenteams unter Leitung von James M. Robinson. Deutsche Gesamtübersetzungen unterschiedlicher Fassungen stehen schon seit langem zur Verfügung. Ebenso gibt es ein Wörterbuch der spezifisch gnostischen Termini, wobei das koptische Vokabularium nur in lateinischer Umschrift (!) wiedergegeben ist. Zum Einstieg in die koptische Sprache sei empfohlen die: „Koptische Grammatik“ von W. Till. Sie ist ebenso wie die großen Wörterbücher von W. Crum (Coptic-English) und von Wüstenfeld leider vor der linguistischen Auswertung der Nağʿ Ḥammādī-Bibliothek (NHB) entstanden. Indes lassen sie sich durch ein spezielles Glossarium für die gnostische Bibliothek ergänzen.

– Walter C. Till, Koptische Grammatik (Sahidischer Dialekt), Leipzig 1986.

Erste Übersetzung der NHB ins Englische

- „The Nağ' Ḥammādī Library in English" (NHL), translated and introdcuced by Members of the Coptic Library Project of the Institute for Antiquity and Christianity, 1977.

- The Nağ' Ḥammādī Library in English, Claremont, California, James M. Robinson (General Editor), 3rd Edition, Leiden, New York, Kobenhaven, Köln 1988.

Übersetzungen ins Deutsche

- Nağ' Ḥammādī, Deutsch, Band I, 1-V, eingeleitet und übersetzt von Mitgliedern des Berliner Arbeitskreises für Koptisch-Gnostische Schriften, herausgegeben von Hans-Martin Schenke, H.-G. Bethge, U. U. Kaiser, Berlin und New York 2001.

Die Nağ' Ḥammādī-Bibliothek vereint Literatur beider Hauptabschnitte der Gnosis, der Thot-orientierten und der Gnosis nach der Rezeption Jesu (sogenannte christlichen Gnosis). Es zeigt sich, daß es zwischen den beiden Stadien keinen Bruch gibt.

Das Korpus des Weisen Thot aus der NHB

NHB-Schriften ohne jede Erwähnung der Person Jesus und ohne Bezug auf ihn stammen aus der Thot-orientierten Gnosis.

Die koptischen Thotorientierten NHB-Schriften haben ihre Parallelen in den älteren ägyptischen Inskriptionen und Papyri. Schriften, die aus der Thotschen Gnosis stammen, sind unter anderem die Isistexte, darunter die Laudatio auf Isis.

Wahlweise genannt seien:

- Die Brontê, Vollkommener Verstand, in: NHC, VI, 2.
  Gewidmet der Isis, Mutter und Göttin. Die Schrift zeigt die tiefe Verankerung der Gnosis in der ägyptischen Philosophie und Religionsgeschichte. Die Laudatio über Isis berührt verschiedene Ebenen. Es ist selbstverständlich, daß in Isis auch die Frau geehrt und verehrt wird. Isis ist die universelle Schöpferkraft und der kosmische Geist (Pneuma). Sie ist überall gegenwärtig und wohnt allem inne. Isis spricht: „Ich bin die Mutter der Natur". (NHL, S. 301.)

- Das Buch „Über die Achtheit und die Neunheit", in: NH, VI, 6.

Aus der Literatur der Thotschen Gnosis bedeutsam ist ferner:

- Zweiter Logos des großen Seths, in: NHL, 362-376.
  Hier wird auf Jesus Bezug genommen. Entstehungszeit zweites Drittel des ersten christlichen Jahrhunderts.

- Plato Politica, so genannt, da Plato als Schüler Thots geehrt wurde, in: NHC, VI, 5.

Ergänzend zu Texten nach dem Weisen Thot sei genannt:

- „Verherrlichung Gottes durch Philosophie –Der hermetische Traktat II", von Gerhard Löhr, Tübingen 1997 (S. 3ff.), forschungsgeschichtlicher Überblick zum Stellenwert Thots alias Hermes in der antiken Philosophie und Religionsgeschichte.

Gnosis nach der Zeitenwende
Bedeutsame Sonderausgaben und Schwerpunktschriften
Evangelium nach Thomas

- Editio princeps (zweisprachige Ausgabe), Coptic and English: The Gospel according to Thomas, edited and translated: A. Guillaumont, H.Ch. Puech, G. Quispel, W. Till and Yassah ʿAbd al-Masih, 1959.

Auf der Basis der Editio princeps folgten französische, niederländische, deutsche u.a. Ausgaben.

- Das Evangelium nach Thomas, in: NHC, II, 2;
  CGL, Nağʿ Ḥammādī, Codex, II, 2-7, 1989.

- Koptisch-gnostische Schriften aus den Papyrus-Codices von Nağʿ Ḥammādī, hrsg. von J. Leopoldt, H.-M. Schenke, 1960, S. 7ff.

- Evangelien aus dem Nilsand, hrsg. von H. Quecke, S.J., in: W. C. van Unnik, 1960, S. 161ff.

- L'Evangile selon Thomas, éd. R. Kasser, 1961.

- Die Botschaft des Thomas-Evangeliums, hrsg. von E. Haenchen, 1961.

- Synopsis Quattuor Evangeliorum, hrsg. von Kurt Aland, 1964, S. 517ff.

- Das Thomas-Evangelium, hrsg. von Gerhard Marcel Martin, Stuttgart 1998.

„Evangelium Veritatis" – Textausgaben und Übersetzungen

- Evangelium veritatis: NHC, XII, 2.
  The Gospel of the Truth, in: CGL.

- Editio princeps: Evangelium veritatis, ed. M. Malinine, Puech, G. Quispel.
  In dieser Luxusausgabe der Editio princeps fehlten zwei Blätter (S. 33-36). Diese wurden später von W. Till ediert und zusammen mit Übersetzung herausgegeben, in: Or NS, 28, 1959, SS. 170-181.

- Vollständig übersetzt wurde das Evangelium der Wahrheit von Hans-Martin Schenke, ebd. 33 ff.

- Hans-Martin Schenke, Die Herkunft des sogenannten Evangelium Veritatis, 1959.

- W. Till, in: Zeitschrift für neutestamentliche Wissenschaft und die Kunde der alten Kirche (ZNW), 50, 1959, 165 ff. und M. Krause, ebd. 67 ff.

- W. Till, Das Evangelium der Wahrheit, in: Zeitschrift für neutestamentliche Wissenschaft, 50, 1959, 165ff.

- H. Jonas, in: Gnomon – Kritische Zeitschrift für die gesamte Altertumswissenschaft, 1960, 32, 327 ff.

- M. Krause, Die Gnosis, II, 1971, 63ff.

Der Brief an Silvanos (Silwanos),
in: NH, VII, 2, 4; NHL, 390ff.
Pistis sophia (vollständig erhalten): Betonung von Kosmologie und Astronomie.

Tractus tripartitus,
in: NHC, 1,5.

Zur Gnosisforschung relevante Kirchenväter

- Klemens von Alexandrien:
  Bibliothek der Kirchenväter, Band 7, Buch 1, Des Klemens von Alexandreia Teppiche wissenschaftlicher Darlegung entsprechend der wahren Philosophie, München 1936-37.

Der Leiter der theologischen Akademie von Alexandrien im zweiten und dritten Jahrhundert, Klemens aus Ägypten, ist eine unentbehrliche Quelle zur Gnosisforschung. Er fühlte sich mit der Gnosis verbunden, bezeichnete sich selbst als Gnostiker, ohne damit eine weltanschauliche Zugehörigkeit bezeugen zu wollen. In seinen Frühschriften berichtete er wohlwollend über die Gnosis. Klemens war Christ und hatte das Leitungsamt der Katechetenschule inne. In seinen späteren Schriften hat er sich gegen die Gnosis als Bewegung abgegrenzt und diese auch kritisch beurteilt. Klemens konnte Koptisch und Koine. Aus seinem umfangreichen Werk sind einige Bände erhalten. Zur Gnosisforschung besonders wichtig sind die Stromateis.

- Irenäus, Adversus haereses (Gegen Ketzer und Ketzerei), 180 A.D.

Irenäus (um 135- ca. 200) erwähnt in seinem Werk „Adversus haereses“, III, 11, 9 eine ketzerische Schrift der valentinianischen Sekte mit dem Titel „Evangelium der Wahrheit“. Die Schrift selbst war noch nicht aufgefunden worden. Erst durch den NHB-Fund 1945 ist eine Schrift dieses Titels (in Koptisch) aufgetaucht. Ich persönlich bin

der Meinung, daß es das Buch ist, das Irenäus gemeint hat (Gründe und Diskussion siehe oben, Dritten Abschnitt).
Irenäus setzt sich in seiner Abhandlung gegen die Häretiker mit der Gnosis auseinander und liefert damit zwar polemisch geführte, doch sachliche Informationen. Die Ausführungen von Irenäus tragen zum Verständnis der Gnosis bei. Daher führen wir die Abhandlung Irenäus, Adversus haereses, (180 A.D.) als quasi primär auf.

Wichtig aus der Forschung

Alexander Böhlig, Christoph Markschies, Gnosis und Manichäismus – Forschungen und Studien zu den Texten von Valentin und Mani sowie zu den Bibliotheken von Naǧʿ Ḥammādī und Medinet Madi, Berlin und New York 1994.

– Alexander Böhlig, Gnosis und Synkretismus, Tübingen 1989.

– Detlev Quintern / Kamal Ramahi, Die Gerechtigkeitsbewegungen unter dem Kalifat der ʿAbbāsiden (750-1258) am Beispiel der Qarmaṭen und Iḫwān aṣ-Ṣafāʾ, Hamburg 2006. Zu den Schwerpunkten dieser Abhandlung wird der Frage der inhaltlichen Beziehungen von Gnosis und Qarmaṭen/ Iḫwān aṣ-Ṣafāʾ nachgegangen. Den Autoren ist der Nachweis von Zusammenhängen und Kontinuitäten überzeugend gelungen. In ihrer umfangreichen Abhandlung untersuchen Quintern und Ramahi u.a. auch die Entwicklung des Gerechtigkeitsprinzips. In ihrem zweiten Kapitel über die Gnosis heben sie das gnostische Verständnis von Gerechtigkeit und Egalität hervor (S. 115ff.).

– Karam Khella, Dioskoros von Alexandrien, Hamburg 2018

Karam Khella

Dioskoros von Alexandrien

Im Jahr 451 ist die Kirchenspaltung eingetreten, die heute noch besteht. Die Figur, die den Konflikt verkörperte, ist Dioskorus von Alexandrien. Er ist einer der bedeutsamsten Kirchenväter. Er war theologisch hoch qualifiziert und streitbar. Er trat für die unveränderte Beibehaltung der Rechtsgläubigkeit, die auch mit dem Ausdruck Orthodoxie bezeichnet wird, ein. Zur Frage des Glaubens kam noch die politische hinzu. Hauptmachtfaktor in der Welt war Byzanz, nachdem sich zuvor Westrom schon länger im Verfall befunden hatte. Dioskorus ist für zweierlei eingetreten: einmal für die Verteidigung des orthodoxen Glaubens, zum anderen für die Freiheit für die von Byzanz unterdrückten Völker, darunter Ägypten und Syrien. Im Jahre 451 trat das vom damaligen Kaiser Markian einberufene Konzil von Chalkedon zusammen. Dioskorus und seine Anhänger lehnten Chalkedon ab, womit die noch bis heute andauernde Kirchenspaltung eingetreten ist.

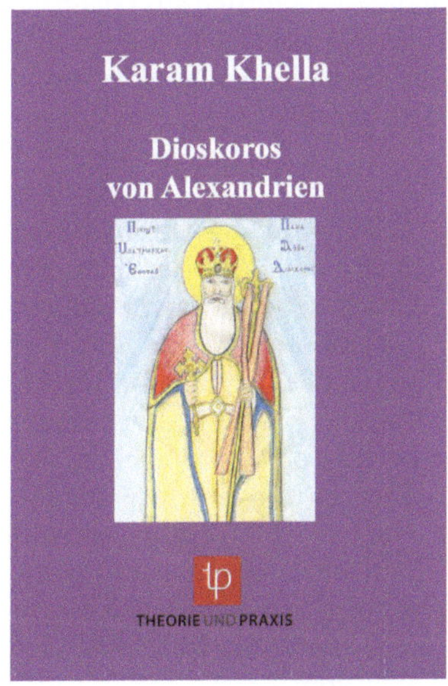

In diesem Buch wird ausführlich und übersichtlich über diese komplizierten Zusammenhänge berichtet. Auch 1500 Jahre danach sind die Folgen von Chalkedon noch nicht überwunden und bleiben bis heute ein heftig umstrittenes christologisches Ereignis.

ISBN 978-3-939710-30-1
274 Seiten
28 €

Karam Khella

Jesus und die
Ursprünge des Christentums

ISBN 3-921866-88-X
263 Seiten
19 €

Die Entstehung des Christentums lag bislang zum großen Teil im Dunkeln. Über Leben und Wirken Jesu berichten nur die Evangelisten aus Glaubensüberzeugung und missionarischem Interesse. Karam Khella untersuchte Materialien und entdeckte neue Quellen, die ihn in die unmittelbare Nähe der Ereignisse führten. In diesem Werk stellt er eine integrierte Entstehungsgeschichte des Christentums dar.

Aufregende Erkenntnisse macht der Verfasser über den Urtext der Evangelien und die authentischen Worte Jesu. Wir sind nicht mehr auf die altgriechische Fassung angewiesen. Es gibt ein Urevangeliar, das älter ist als die griechische Version. Eine Textauswahl mit kritischer Analyse und deutscher Übersetzung zeigt, wie sehr die kanonische Fassung sich vom Urtext entfernt hat. Somit nehmen Leserinnen und Leser an einem neuartigen Erkenntnisprozess von der Urgeschichte des Christentums teil.

Karam Khella

Die koptische Liturgie

übersetzt aus den Originalsprachen und kommentiert von
Dr. theol. Karam Khella

Emporhebung des Abendweihrauchs
Inzens-Frühgottesdienst – Eucharistische Meßfeier

Mit einer Einleitung über den koptischen Ritus, Erläuterung der liturgischen Handlungen und einem alphabetischen Wörterverzeichnis mit Begriffserklärungen.
ISBN 978-3-921866-23-8
210 Seiten
10 €